技术引领下的数学教育革新

构建数学智慧课堂的策略与实践

黄　缨◎著

数学智慧课堂

中国言实出版社

图书在版编目(CIP)数据

技术引领下的数学教育革新：构建数学智慧课堂的策略与实践 / 黄缨著. -- 北京：中国言实出版社，2023.12
ISBN 978-7-5171-4636-0

Ⅰ. ①技… Ⅱ. ①黄… Ⅲ. ①中学数学课—教学研究—初中 Ⅳ. ① G633.602

中国国家版本馆 CIP 数据核字（2023）第 252761 号

技术引领下的数学教育革新：构建数学智慧课堂的策略与实践

责任编辑：史会美
责任校对：王建玲

出版发行：中国言实出版社
地　址：北京市朝阳区北苑路180号加利大厦5号楼105室
邮　编：100101
编辑部：北京市海淀区花园路6号院B座6层
邮　编：100088
电　话：010-64924853（总编室）　010-64924716（发行部）
网　址：www.zgyscbs.cn　电子邮箱：zgyscbs@263.net

经　销：新华书店
印　刷：武汉颜沫印刷有限公司
版　次：2023年12月第1版　2023年12月第1次印刷
规　格：710毫米×1000毫米　1/16　14.5
字　数：220千字

定　价：68.00元
书　号：ISBN 978-7-5171-4636-0

序　言

广东省中小学“百千万人才培养工程”是为了贯彻落实《广东省推动基础教育高质量发展行动方案》文件精神，由广东省教育厅主办的一个教师培训项目，项目旨在积极发挥名校长、名教师的示范引领和辐射带动作用。

所有入选的教师全部经由个人申请、所在单位和县（市、区）教育局推荐、地级以上市教育局或省直属单位择优选送、专家分组评审和现场答辩、公示核查以及省教育厅党组审议等一系列的程序遴选出来的，可以说他们是广东全省基础教育领域的代表。

2021 年 7 月，深圳市罗湖区翠园实验学校教师黄缨老师凭其在数学教育领域取得的成就，成功入选广东省中小学“百千万人才培养工程” 中小学智能教育名教师培养项目，成为从全省遴选的二十五名中小学智能教育名教师培养项目中的一员。而我，则受所在大学指派，与广州市教育信息中心的王同聚老师和天河区教育局的容梅老师，共同担任包括黄缨老师在内的五名中小学名教师的指导教师。由此，我们结缘，组成了“5+3 智能团队”。

在历时两年半的时间里，我们“5+3 智能团队”在思想碰撞的过程中，结下了不解之缘 . 我们一起面对信息技术飞速发展大背景下中小学课堂教学的机遇与挑战，共同探讨破解人工智能技术融合课堂教学创新的困境与路径。

黄缨老师紧扣“以信息技术助力提升中学数学教育质量”这一主题，结合自身在中学数学教育领域的研究和实践探索，特别是近三年数学智慧课堂的创新实践，完成了这部《技术引领下的数学教育革新：构建数学智慧课堂的策略与实践》。

全书共分为九章，包括信息技术支持下的数学教学现状、数学智慧课堂的构建与实施、数学智慧课堂的信息技术支持、数学智慧课堂的教学资源与环境建设、数学智慧课堂的典型教学模式、基于信息技术的数学智慧课堂教学设计、数学智慧课堂的评价与反思、技术引领下的数学智慧课堂应用案例以及未来展望等。

第一章从信息技术的角度出发，通过分析信息技术在数学教学中的应用情况，探讨了当前中学数学教学的发展趋势和存在的问题，并提出了相应的解决策略。

第二章和第三章聚焦数学智慧课堂的构建与实施和数学智慧课堂的信息技术支持，通过具体的案例分析，紧密结合人工智能、云计算、大数据等相关的信息技术工具和平台，阐述了如何将信息技术与中学数学教学相结合构建数学智慧课堂，如何利用信息技术优化中学数学教学过程，提升学生的学习效果。

第四章关注数学智慧课堂的教学资源与环境建设，探讨了如何利用信息技术创建丰富多样的教学资源。

第五章总结了翻转课堂、项目式学习、自适应学习、游戏化教学等几种常见的个性化教学和协作式教学的数学智慧课堂教学模式，分析了这些模式的优缺点和适用范围，并探讨了如何根据实际情况选择合适的教学模式。

第六章关注基于信息技术的数学智慧课堂教学设计。黄缨老师从教学目标设定、教学内容选择、教学过程安排等方面入手，阐述了如何利用信息技术进行数学教学设计。

第七章通过具体的案例分析，探讨了如何对数学智慧课堂教学进行评价和反思，提出了评价的指标和方法。

第八章结合具体案例，阐述了数学智慧课堂在新授课和复习课等不同场景下的应用效果和优势。

第九章分析了技术发展对数学教育的影响，并对未来做了展望。

全书内容丰富、结构清晰，其针对构建数学智慧课堂给出的策略可实践、可移植、可借鉴。

黄缨老师具有深厚的数学教育理论基础和丰富的教学实践经验。在“5+3

智能团队”共同奋战的日子里，与其说我是包括黄缨老师在内的五位一线名教师的导师，倒不如说我是在和他们一起学习。每一次，黄缨老师和其他四位老师分享的困惑、案例、故事和经验，都会引发我的思考，给我以启迪。

作为黄缨老师的同道中人、朋友和导师，我为她取得的学术成就感到由衷的高兴。我相信，她的这本著作，能够给每一位关心基础教育发展的朋友带来启发和思考，特别是她在书中分享的理念、案例和方法，一定能为更多的教育同仁借鉴，进而对中学数学课堂教学的信息化革新产生重要而深远的影响。

焦建利

于华南师范大学

目　录

第一章　信息技术支持下的数学教学现状

1.1 当前数学教学的困境与挑战

近年来，“互联网 +”对我国教育影响巨大，信息技术促进教育革新的理念与实践，已经深入中小学课堂的教学过程中。教育部颁发了多项政策，要求教育信息化，以适应时代发展的需要。同时，为了更好地适应数字化时代的发展和教育领域的变革，《义务教育数学课程标准（2022 年版）》也提出：“促进信息技术与数学课程融合，合理利用现代信息技术，提供丰富的学习资源，设计生动的教学活动，促进数学教学方式方法的变革。在实际问题解决中，创设合理的信息化学习环境，提升学生的探究热情，开阔学生的视野，激发学生的想象力，提高学生的信息素养。”“要重视大数据、人工智能等对数学教学改革推动作用，改进教学方式，促进学生学习方式转变。”“利用技术支持平台将在线学习与课堂教学相结合，开展线上线下融合的混合式教学。”2022 年版义务教育数学课程标准提倡信息技术与数学教学的深度融合，利用信息技术支持下的教学平台、软件和工具等，为学生提供更加生动、形象、有趣的数学学习资源和方法。但在数字化时代下，传统的数学教学面临着诸多困境与挑战。教学方式单一、教材内容抽象、课时设置不足、缺乏实践机会以及教师专业发展受限等问题，是影响传统数学教学发展的重要因素。

传统数学教学方式主要以教师讲解为主，学生处于被动接受的状态。这种教学方式缺乏交互性和多样性，不能有效地激发学生的学习兴趣和主动性。在数字化时代，教育已经不再是单向的知识灌输过程，而是需要引导学生主动探究和思考。因此，改变传统的教学方式，注重学生的主体地位和实际需求，是数字化时代下数学教学的首要任务。

数学教材通常以概念和例题为主，内容较为抽象，难以引起学生的兴趣和好奇心。这也使得学生在理解和掌握数学知识方面存在困难。在数字化时代，教材已经不再是单一的文字表述，而是可以通过多媒体等手段将知识变得更加生动、形象和有趣。因此，加强数学教材的建设，开发适合学生的教材和教辅材料，是提高数学教学质量的重要途径。

课时设置不足也是传统数学教学面临的问题之一。在传统的教学模式下，数学课时设置往往不足，难以保证学生的学习效果。由于数学知识需要不断巩固和加深，课时不足会对学生数学水平的提高造成一定的影响。因此，重新审视传统的课时设置模式，寻找更加科学合理的方式来进行课时安排，是解决课时设置不足问题的有效途径。

数学学科需要学生进行实践和操作，但在传统的教学模式下，学生往往缺乏实践机会。实践的缺乏会使得学生对数学知识的理解和掌握不够深入，难以培养学生的数学思维和解决问题的能力。在数字化时代，技术已经为数学实践教学提供了更多的可能性。例如，利用计算机模拟实验、开展数学建模等活动，可以为学生提供更加丰富多彩的实践机会。

传统的教学模式下数学教师的专业发展和进修机会有限，导致教师知识更新速度较慢，教学水平提升受限。在数字化时代，教师需要不断更新知识和提高教学水平，以适应教育的发展需求。因此，加强教师培训和提供更多的专业发展和进修机会，是提高数学教师教学水平和能力的重要途径。

数字化时代对传统数学教学提出了新的挑战和要求，需要我们重新审视传统的数学教学理念和方法。通过转变教学观念、注重学生的主体地位和实际需求、加强数学教材的建设和评价方式改革、增加数学教师的专业发展和进修机会等，才能更好地应对数字化时代对传统数学教学的挑战，提高数学教学的质量和水平。

1.2 信息技术在数学教学中的应用现状

信息技术在数学教学中的应用现状呈现出明显的多元化和深入性。多元化的教学方法和技术不仅增强了学生对数学知识的理解和掌握程度，还培养了学生的学习兴趣和应用能力；同时，深入性的信息技术也为数学教学提供了更好的支持和帮助，提高了教学效率和学生个性化学习和深度思考的能力。

1.2.1 教师在信息技术应用中的角色和态度

教师在信息技术应用中的角色和态度在数学教学中，发生了明显的转变。在传统教学模式中，教师主要通过板书和讲述的方式传授数学知识。然而，随着信息技术的不断发展，越来越多的教师开始尝试使用信息技术来提升教学效率和学生的学习效果。

在信息技术应用方面，教师是技术的使用者。他们需要掌握相关的信息技术，才能制作多媒体课件、开发在线课程、使用教学软件等。同时，教师也是学生获取信息的引导者和协调者。他们需要利用信息技术手段，为学生提供丰富的学习资源和学习支持，帮助学生更好地获取数学知识。

然而，在实际教学中，教师对于信息技术应用的看法和态度却存在差异。一些教师，尤其是年龄较大的教师，可能更倾向于使用传统的板书方式进行教学。这部分教师认为，传统的板书教学方式更加直观、明了，也更加适合学生的思维方式，有助于学生更好地理解和掌握数学知识。同时，制作多媒体课件需要花费一定的时间和精力，对一些教师来说是一个不小的负担，因此他们可能不愿意过多地使用信息技术进行数学教学。

而年轻教师通常更熟悉和接受信息技术。他们可能更倾向于使用在线课程、微课程、互动教学平台等现代化的教学方式。这些教学方式可以极大地提升教学效率和效果，同时也可以激发学生的学习兴趣，提高其参与度。年轻教师也更加注重使用信息技术来创新教学方式和手段，例如使用虚拟现实技术来模拟数学问题、使用数学软件来进行数学实验等。

此外，一些教师也在尝试将信息技术与数学教学相结合，为学生提供更为生动、直观、立体的学习体验。例如，教师可以使用计算机辅助教学 (CAI) 软件来模拟数学问题、进行数学实验等。这种教学方式不仅可以增强学生对数学概念的理解，还可以提高他们的实践能力。同时，教师也可以利用信息技术手段来评估学生的学习效果和反馈情况，例如通过在线测试、实时监测等手段对学生的数学学习进行跟踪和评估，及时发现学生的学习困难和问题，为他们提供及时的帮助和指导。

教师在信息技术应用中的角色和态度发生了明显的转变。越来越多的教师开始尝试使用信息技术来提升教学效率和学生的学习效果。但在实际教学中，教师对于信息技术应用的看法和态度却存在差异。一些教师可能更倾向于使用传统的教学方式，而年轻教师则更熟悉和接受现代化的教学方式。

1.2.2 信息技术应用中的教学方法和内容

在数学教学中，信息技术应用的主要方法是利用多媒体课件、在线课程、微课程等手段,将数学知识以更加生动、直观、立体的方式呈现出来。具体来说有:

利用信息技术唤醒学习兴趣。教师可以利用信息技术将抽象的数学概念和公式转化为具体的图像和动画，使得数学内容更加直观和易于理解。比如在函数这一章节中，通过信息技术将函数关系以图形方式展示出来，可以让学生直观地感受到函数关系的本质，同时也可以让学生体验到函数关系的多样性和美感。

利用信息技术进行知识理解与掌握。教师可以利用信息技术将复杂的数学知识简单化，帮助学生更好地理解和掌握。例如，在学习“一元一次方程”这一章节时，教师可以提前将微视频录制好，将一元一次方程的相关概念、公式等知识制作成微视频，并在微视频中附上相应的习题，检测学生的预习成果。学生在课前自主学习，自主观看视频并完成任务。如此学生在课前就能了解一元一次方程的知识，根据学习中的重难点自主观看视频，在课堂上可以有目的地听讲。

利用信息技术进行数据分析和处理。教师可以通过信息技术进行数据分析，寻找数据内部的规律和关系。例如，在学习“概率统计”这一章节时，教师可以通过 Excel 等软件进行数据分析，寻找数据内部的规律和关系，帮助学生更好地理解和掌握概率统计的知识。

利用信息技术进行数学实验。教师可以利用信息技术进行数学实验，帮助学生更好地理解和掌握数学概念和公式。例如，在学习“几何”这一章节时，教师可以利用几何画板进行数学实验，让学生更好地了解几何图形的特点和性质。

利用信息技术进行在线学习和辅导。教师可以利用信息技术进行在线学习和辅导，帮助学生更好地掌握数学知识。例如，教师可以利用在线学习平台进行远程教学，通过在线测试、实时监测等手段对学生的数学学习进行跟踪和评估，及时发现学生的学习困难和问题，为他们提供及时的帮助和指导。

然而，信息技术应用中也存在一些问题。一方面，一些教师在使用多媒体课件时，过于注重形式而忽略了实质。他们可能在课件中加入了过多的动画和图像，导致学生的注意力被分散，无法专注于数学知识本身。另一方面，一些教师在使用信息技术时，忽略了传统教学方法的优势。他们可能过多地依赖信息技术进行教学，而忽略了传统板书和口头讲解的作用。

此外，信息技术应用中还存在一个普遍的问题，就是教学内容过于多样化，形式和内容过于复杂。由于信息技术的便利性和高效性，一些教师可能在一节课中加入了过多的教学内容。这可能会导致学生无法准确地把握知识的重点和难点，甚至会降低学生对知识的接受和理解程度。

因此，教师在使用信息技术进行教学时，需要充分考虑教学方法和内容的合理性。他们需要根据学生的实际情况和教学需求，制订合适的教学计划和方法，同时注重传统板书和口头讲解的作用。此外，教师还需要注重教学内容的筛选和整合，确保学生在有限的时间内能够获得最核心的知识和能力。

1.2.3 信息技术应用中的学生反馈和评价

学生是信息技术应用效果的最直接的体现者，因此，学生在信息技术应用

中的反馈和评价对于教师来说是非常重要的。由于学生的个体差异、学习背景和兴趣爱好等因素的影响，他们的反馈和评价可能会有所不同，这也给教师提出了一个挑战：如何关注并处理这些差异，以收获更好的教学效果？

一些学生可能更喜欢传统的教学方法。他们可能觉得传统的板书和口头讲解更加生动有趣，也更容易理解和掌握。对于这部分学生，教师可能需要使用更多的时间来解释和阐述数学概念和公式，以确保他们能够理解和掌握。同时，教师也可以使用信息技术来增强传统教学方法的效果。例如，使用动画和图像来解释数学概念，或使用在线资源来补充课堂教学内容。

而另一些学生可能更喜欢现代化的教学方式。他们可能觉得多媒体课件、在线课程、微课程等更加有趣和生动，也更容易吸引他们的注意力。对于这部分学生，教师可以利用信息技术来激发他们的学习兴趣和积极性。例如，教师可以让他们参与在线讨论，或者让他们使用微课程来自主学习。

对于教师来说，他们需要关注学生的反馈和评价，并根据学生的实际情况和需求来调整自己的教学方法和策略。例如，如果一些学生觉得多媒体课件过于花哨而无法集中注意力，那么教师可能需要简化课件的制作，更加注重实质性的内容；如果一些学生觉得在线课程缺少互动性，那么教师可能需要增加一些线下互动环节等等。

此外，通过对学生的反馈和评价进行分析，可以帮助教师更好地了解学生对数学知识的掌握情况，从而为他们提供更有针对性的指导和支持。

信息技术在数学教学中的融合应用无疑已经成为一种趋势。然而，这种趋势是否能够得到推广，还需要考虑到各种因素。例如，学校的硬件设施是否完备，教师的技术能力是否达标，以及学生的接受程度是否高，等等。只有当这些因素都得到了充分的考虑和处理，信息技术在数学教学中的应用才能真正地发挥其优势，提升教学效率和学生的学习效果。

另外，也需要考虑到信息技术在教育中的普及性和公平性。虽然信息技术在数学教学中的应用可以带来很多好处，但不是所有的学生都能够平等地享受到这种便利。例如，有些学生可能因为家庭经济原因无法拥有个人电脑或者互联网连接，而无法参与到在线学习中来。因此，如何在保证信息技术的便利性的同时，兼顾到教育的公平性，也是我们在推广信息技术在数学教学中的应用时需要考虑的问题。

总的来说，信息技术在数学教学中的应用无疑为数学教学带来了新的机遇和挑战。通过合理地使用信息技术，可以有效地提升教学效率和学生的学习效果。然而，我们也需要充分考虑到学生的个体差异、学习背景和兴趣爱好等因素的影响，以及信息技术在教育中的普及性和公平性。只有这样，我们才能真正地发挥出信息技术在数学教学中的优势，推动数学教学的现代化发展。

1.3 信息技术对数学教学的优化作用

随着信息技术的不断发展，我们的教育方式也正在经历着巨大的变革。信息技术带来的不仅仅是教学设备的升级，更是一种全新的教学模式和理念的革新。在数学教学中，信息技术的运用已经成为了教学改革的重要趋势，它以其独特的优势，极大地优化了数学课堂教学全过程。

1.3.1 增强数学课堂教学互动性，激发学生的学习兴趣

在数学课堂教学中，信息技术的运用已经成为一种趋势。尤其是对于数学这样一门抽象、需要逻辑推理的学科，信息技术的运用不仅带来了教学方式的创新，更重要的是增强了师生的互动性，激发了学生的学习兴趣，提升了教学效果。

信息技术增强了数学课堂教学互动性

在数学课堂教学中，教师通过使用多媒体设备，如电子白板、投影仪等，能够将抽象的数学概念、公式和定理以更加直观、生动的方式呈现给学生，使学生更加容易理解。同时，教师还可以利用多媒体设备进行数学实验和探究活动，让学生亲身体验数学知识的形成过程，加强师生之间的互动交流。

例如，在教授几何知识时，利用电子白板可以直观地展示图形的变换和运动过程，帮助学生更好地理解几何概念。在教授函数知识时，教师可以通过多

媒体设备展示函数的图像和性质，引导学生进行自主探究和合作学习。

信息技术提供了多元化的网络平台，如教育云在线平台班级、QQ 群、微信群等使得教师与学生之间的交流更加畅通无阻。通过这些网络平台教师可以发布教学资料，学生可以随时提问、发表观点、分享学习心得，也可以和其他学生或教师进行实时讨论。这种互动形式进一步拉近了师生之间的距离，也有利于教师及时掌握学生的学习动态从而调整教学策略。

信息技术在提高学生的学习兴趣方面具有显著的效果

通过使用多媒体技术，教师可以把枯燥的数学知识和生动的图像、动画、音频相结合，使数学知识更加直观、形象，从而吸引学生的注意力，提高他们的学习兴趣。

首先，教师可以通过使用三维图形软件来制作三维图形，将抽象的几何概念形象化，帮助学生更好地理解几何概念。这种方法可以使学生更容易理解一些较为抽象的数学概念，同时也可以提高他们的学习兴趣。例如，在教授球体、椎体等三维几何体时，教师可以使用相关的软件来制作三维图形，让学生从不同角度观察这些几何体，帮助学生理解它们的形状、大小、比例等特征。

其次，教师可以使用数学软件让学生自己动手操作，引导学生积极参与课堂活动，提高他们的学习兴趣和主动性。这些数学软件可以为学生提供交互式的学习体验，让学生在操作中学习数学知识，同时也可以激发他们的学习兴趣和积极性。例如，在教授代数、概率统计等数学知识时，教师可以利用相关的数学软件来引导学生进行计算、分析、模拟等操作，让学生在实践中掌握数学知识，提高他们的学习兴趣和主动性。

此外，信息技术还可以通过游戏化的方式来提高学生的学习兴趣。教师可以将数学知识融入游戏中，让学生在游戏中学习数学知识。例如，教师可以利用数学游戏来帮助学生训练数学计算、几何识别等技能，使学生在游戏中得到锻炼和提升。

1.3.2 提高课堂教学的可视化程度，帮助学生理解数学知识

在数学教学中，可视化通常被认为是一种强有力的工具。它不仅能帮助学生更好地理解复杂的概念，也能激发他们的学习兴趣，提高他们的理解能力。在当今信息化教育的大背景下，利用信息技术进行数学教学的可视化也已经成为一种趋势。

利用数学专用软件呈现抽象概念

数学软件如 GeoGebra、Mathematica 等可以帮助教师将抽象的数学概念以图形的形式呈现出来。在讲解函数的概念时，教师可以利用这些数学软件生成函数图像，使学生直观地理解函数的性质和变化规律。这些软件不仅可以绘制静态的图像，还可以实时地更改参数并进行动态演示，使学生能够更加深入地理解数学概念的动态变化过程。

具体而言，教师可以根据教学内容的需要，选择合适的数学软件来生成各种数学图形或动画。例如，在介绍椭圆的概念时，教师可以利用 GeoGebra 软件绘制出椭圆的图像，并动态演示椭圆的变化过程。学生通过观察图像和动画，可以更加直观地理解椭圆的定义、性质和特征。同时，这些软件还可以通过改变参数来演示不同条件下的椭圆形状和性质变化，使学生更加深入地了解椭圆的多样性。

利用动态演示帮助学生理解

利用信息技术，教师可以实现数学知识的动态演示。例如，在讲解立体几何时，教师可以利用 3D 建模软件展示立体图形，帮助学生更好地理解空间几何的概念和性质。这些 3D 建模软件通常具有旋转、放大、缩小等操作功能，可以使学生从不同角度观察立体图形，进而深入了解几何图形的特征和本质。

同时，这些动态演示还可以通过多媒体设备进行展示，使课堂教学更加生动、形象。例如，教师可以利用 PPT 等演示文稿软件将动态演示和静态图像结合起来，配以相应的文字说明和讲解，使课堂教学更加生动有趣。学生通过观察动态演示和静态图像，可以更加直观地理解几何图形的概念和性质，进而提高他们的

空间想象能力和理解能力。

利用数字模拟和可视化工具辅助教学

信息技术还可以帮助教师进行数字模拟和可视化教学。例如，在讲解统计时，教师可以利用数据可视化工具将数据以图表的形式呈现，使学生更加直观地理解数据的分布和关系。具体而言，教师可以使用各种数据可视化工具如 Tableau、Excel 等来生成各种统计图表，如直方图、饼图、折线图等，帮助学生更好地理解数据的特征和关系。

此外，教师还可以利用数学模拟软件模拟各种数学问题并对学生进行指导。例如，教师可以利用数学模拟软件模拟二次方程的求解过程或抛物线运动等过程，使学生更加直观地理解这些数学问题的本质和解决方法。同时，教师还可以利用这些软件进行数学实验的模拟和演示，让学生更加自主地进行探索和学习。

1.3.3 利用信息技术进行个性化教学，提升教学效果

随着信息技术的迅速发展，教育领域也发生了深刻的变化。个性化教学越来越受到关注，而信息技术为其提供了新的可能性。

利用大数据和人工智能进行学情分析

随着大数据和人工智能技术的不断发展，越来越多的教育工作者开始利用这些技术进行学情分析，以更好地了解学生的学习需求和能力，为个性化教学提供依据。

首先，利用大数据技术可以对学生的学习行为和成绩等数据进行深入挖掘和分析，从而更好地了解学生的学习特点和需求。通过对学生在课堂上的表现、作业完成情况、考试成绩等数据的分析，教师可以发现学生在学习中存在的问题和困难，从而为学生提供更好的指导和帮助。

其次，利用人工智能技术可以对学生的学习模式和习惯进行识别和分析，以便针对学生的不同特点进行个性化辅导。人工智能技术可以对学生的答题记录、学习时长、学习路径等数据进行建模和算法分析，从而识别出学生的学习

模式和习惯。根据学生的不同特点，教师可以为学生提供个性化的学习计划和学习资源，以更好地满足学生的学习需求。

同时，大数据技术还可以帮助教师分析班级整体情况，为调整教学策略提供依据。通过对班级整体成绩的分析，教师可以发现学生在学习中的共性和难点，从而为调整班级整体的教学策略提供参考。例如，如果发现某个班级的数学成绩普遍偏低，教师可以针对这个问题对教学计划进行调整，增加数学教学的难度和深度，以更好地满足学生的学习需求。

利用智能终端设备进行移动教学

随着智能终端设备的普及，移动教学逐渐成为可能。教师可以利用各种在线学习平台和 APP，为学生提供丰富的学习资源和学习工具。学生则可以通过智能终端设备随时随地学习，更加灵活地安排学习时间和地点。

首先，教师可以利用在线教育平台发布课程资料、作业和测验，学生可以在线学习、提交作业和参加测验。这些在线平台不仅为学生提供了更加灵活的学习方式，还为教师提供了更加高效的教学方式。通过在线平台，教师可以及时查看学生的学习进度和作业提交情况，从而更好地掌握学生的学习特点和需求，为个性化教学提供依据。

其次，移动设备还可以支持教师和学生进行实时互动，方便教师及时了解学生的学习情况并给予指导。例如，利用智能终端设备进行语音或视频通话，教师可以及时解答学生在学习中遇到的问题和困难，为学生提供更加个性化的指导和帮助。同时，教师还可以通过移动设备为学生布置作业、安排学习计划和评价学生的学习成果，更好地指导学生进行自主学习，促进其自我发展。

利用大数据和人工智能技术可以更好地进行学情分析，为个性化教学提供依据；利用智能终端设备可以为学生提供更加灵活、高效的学习方式和工具，促进学生的自主学习和自我发展。这些技术的应用将为数学教育带来更加广阔的发展空间和机遇。

1.3.4 利用信息技术进行多元化的评价，全面了解学生的学习状况

在当今信息化教育环境下，评价方式的多元化和全面性对于学生学习状况的了解至关重要。信息技术为教育评价提供了新的视角和工具，使得我们能够更加深入、全面地了解学生的学习状况。

利用在线测试和自适应测试进行评价

在线测试和自适应测试是信息技术在教育评价中的重要应用之一。通过为学生提供大量的在线测试和自适应测试资源，教师可以评估学生对数学概念和技能的掌握情况，以便更好地指导教学。

一方面，在线测试系统可以为学生提供不同难度的数学题目，从基础到高级，涵盖各种题型，如选择题、填空题、计算题等。学生可以在线作答，系统自动计时并实时给出反馈和建议。这种测试方式不仅可以提高评价的效率，而且可以针对学生的不同水平和需求，提供个性化的测试内容和难度。

另一方面，自适应测试则是一种更加智能化的评价方式。通过人工智能技术，系统可以根据学生的作答情况，自动调整测试难度和内容，以便更好地匹配学生的能力和需求。这种测试方式不仅可以更加准确地评估学生的水平，而且可以减少人为因素对评价结果的影响，提高评价的客观性和公正性。

利用数学软件进行过程性评价

数学软件在教育评价中也扮演着重要的角色。通过数学软件，教师可以为学生提供更加丰富、多样化的数学题目和任务，以评估学生在不同领域和方面的数学能力和表现。

一方面，数学软件可以为学生提供实时反馈和指导。例如，当学生在解题过程中出现困难或错误时，数学软件可以自动提示学生重新思考或给出相应的解释和帮助。这种个性化的反馈方式可以更好地满足学生的需求，提升学生的学习效果和兴趣。

另一方面，数学软件还可以为教师提供学生数学作业的实时反馈。通过查看学生的解题步骤、时间以及使用数学软件的情况，教师可以更好地了解学生

的解题思路和学习状态。这些信息不仅可以用于过程性评价，还可以及时发现学生的学习困难和问题，为教师提供有益的教学参考。

利用大数据和人工智能进行综合性评价

大数据和人工智能技术的发展为教育评价提供了更加全面、精准的手段。通过对学生的学习数据进行分析，教师可以了解学生的学习特点和需求，为学生提供个性化的学习计划和资源。

一方面，大数据技术可以整合和分析学生在各种学习活动中的表现和数据，为教师提供全面的学生画像。通过了解学生在不同领域和方面的表现和发展趋势，教师可以更好地把握学生的学习特点和需求，以便更好地指导学生学习。

另一方面，人工智能技术可以通过分析学生的学习数据，为每位学生提供个性化的学习建议和资源。这些建议和资源可以基于学生的能力水平、兴趣爱好和学习风格等因素，帮助学生更好地提升学习效果。同时，人工智能还可以自动跟踪学生的学习进展和成绩变化，及时发现学生的学习困难和问题，为教师和学生提供有益的反馈和支持。

信息技术在教育评价中的应用不仅可以提高评价的全面性和客观性，还可以提高评价的实时性和精准性。通过多元化的评价方式，我们可以更好地了解学生的学习状况和发展趋势，为学生提供更好的学习支持和服务。因此，我们应该积极探索和实践信息技术在教育评价中的应用，以促进教育的创新和发展。

第二章　数学智慧课堂的构建与实施

随着教育信息化改革的深入推进，传统的教学模式已经难以满足现代教学的需求。为了适应这种趋势，教育界开始探索新的教学模式。信息技术的发展和应用为数学智慧课堂提供了技术支持，使得智能化、数字化的教学环境得以实现。具体来说，计算机、互联网、移动设备等现代信息技术手段，为数学智慧课堂提供了广阔的发展空间和可能性。国家对传统教育的改革势在必行，《教育信息化“十三五”规划》《教育信息化 2.0 行动计划》等文件的出台和“双减”政策的实施也印证了国家已经将教学改革提上了日程。这些政策和教育改革为数学智慧课堂的研究提供了重要的政策支持和保障。此外，学生对于个性化学习的需求不断增加，数学智慧课堂能够满足学生自主选择学习内容和学习方式的需求。在数学智慧课堂中，学生可以根据自己的学习进度和能力，自主选择学习内容和学习方式，从而实现个性化学习。

数学智慧课堂作为一种新的教学模式，能够满足家长和学生对于高质量教育的需求，同时也为学校和教育机构提供了新的发展机遇。

2.1 数学智慧课堂的概念与特点

2.1.1 数学智慧课堂的概念

数学智慧课堂是一种借助互联网平台、个人电子终端和各种教育资源，以提高学生数学核心素养为目标，充分发挥信息技术优势，引导学生进行自主学习、合作学习和探究学习，实现个性化和高效化的教学的新型课堂形态。它强调学生的主体地位，以学生的学习和发展为中心，通过智能化、数据化的教学管理系统，精准地把握学生的学习特点和需求，为每个学生提供个性化的学习支持和服务，使教学更加高效、精准和智能。

在数学智慧课堂中，教师不再只是知识的传授者，而是要扮演学生学习过程中的引导者、组织者和合作者的角色。他们需要熟练掌握各种教育技术和手段，能够灵活运用各种教学资源，创设出生动、有趣、富有挑战性的学习情境，激发学生的学习兴趣和主动性，促进他们的思维发展和实践创新。同时，教师还需要关注学生的学习进程和个性化需求，及时调整教学策略，通过智能化的教学管理系统，精准地把握每个学生的学习特点和需求，为每个学生提供个性化的学习支持和服务，使每个学生都能够得到充分的发展和提升。

数学智慧课堂的核心是培养学生的数学核心素养。它强调学生的主体地位，以学生的学习和发展为中心，通过构建智能化的教学环境，充分发挥信息技术优势，引导学生进行自主学习、合作学习和探究学习。同时，它还注重培养学生的思维能力和创新能力，注重发展学生的数学应用意识和解决实际问题的能力。通过数据分析和挖掘，精准地把握每个学生的特点和需求，为每个学生提供个性化的学习支持和服务，使每个学生都能够得到充分的发展和提升。

数学智慧课堂还注重培养学生的自主学习和合作学习能力。在智慧课堂中，学生可以通过互联网平台和个人电子终端获取丰富的学习资源和学习支持，进行自主学习和自我评估。同时，学生还可以通过小组合作、讨论交流等方式进行合作学习，相互学习、相互促进、共同提高。这种自主学习和合作学习能力的发展有助于学生未来的学习和成长，也是数学智慧课堂的重要价值所在。

总之，数学智慧课堂是一种融合了现代信息技术的新型数学教学形态，它以培养学生数学核心素养为目标，注重学生的主体地位和个性发展，强调自主性、互动性和数据驱动的教学方式。通过构建智能化的教学环境，充分发挥信息技术优势，引导学生进行自主学习、合作学习和探究学习，实现个性化和高效化的教学。这对于提高教学质量和效率、培养创新型人才具有重要意义。

2.1.2 数学智慧课堂的特点

数学智慧课堂是科技和教育相结合的产物，它不仅可以提升教学效率和学

习效果，也有利于学生的自主发展和创新能力的培养。数学智慧课堂通过利用现代信息技术，提高了教学质量和效率，同时也尊重和促进了学生的个性化发展和自主学习。数学智慧课堂的特点主要有：

交互性。数学智慧课堂的交互性体现在教师和学生之间的互动。通过使用智能化教学平台，教师可以实时了解学生的学习情况，并据此调整教学策略。学生也可以通过平台向教师提问，得到及时反馈，从而实现教与学的紧密结合。这种交互方式能够提高学生和教师之间的沟通效率，增强学生的学习效果。

个性化。数学智慧课堂的个性化特点表现在可以为每个学生提供精准、高效的学习支持和服务。通过收集和分析学生的学习数据，教师可以了解每个学生的学习进度和掌握情况，从而制订个性化的教学计划，调整教学策略，提升学生的学习效果。这种个性化教学不仅能够满足学生的个性化需求，也有利于培养学生的自主学习和独立思考能力。

动态性。数学智慧课堂的动态性特点体现在学生的学习数据能够被实时记录和分析，形成动态的学习报告。这些数据可以及时反馈给教师和学生，帮助教师调整教学策略，同时也为学生提供了更加准确和客观的学习反馈。这种动态性不仅可以提高教学质量和效率，还可以及时发现学生的学习问题，并采取有效措施加以解决。

协作性。数学智慧课堂的协作性特点体现在学生可以通过小组合作、项目实践等方式，共同探究数学知识，培养数学思维和解决问题的能力。在教师的指导下，学生可以开展各种协作学习活动，如小组讨论、解题研讨等，从而提升协作能力和学习效果。这种协作性不仅可以培养学生的团队合作精神，还可以促进学生对知识的深入理解和掌握。

技术性。数学智慧课堂的技术性特点主要表现在其依赖于现代信息技术手段，如云计算、大数据、人工智能等，这些现代信息技术手段为教师和学生提供智能化的教学平台和工具。这些技术手段的应用，可以大大提高教学质量和效率，同时也为学生的自主学习和个性化发展提供了更多的可能性。例如，通过云计算技术，可以实现教学资源的共享和高效利用；通过大数据技术，可以收集和分析学生的学习数据，为教师提供精准的教学指导；通过人工智能技术，可以开发智能化教学平台和工具，为学生提供个性化的学习服务。

总的来说，数学智慧课堂的交互性、个性化、动态性、协作性和技术性等特点，不仅可以提高教学质量和效率，还可以促进学生的自主学习和个性化发展。随着现代信息技术的发展和应用，数学智慧课堂将会成为一种越来越重要的教学模式。

2.2 数学智慧课堂的构建策略与方法

数学是一门智慧的学科，它不仅仅是一堆公式和计算方法的堆砌，更是一种思维方式和解决问题的能力。在当今信息时代，培养学生的数学智慧已经成为教育的重要任务之一。为了更好地引导学生发展数学智慧，我们需要构建一个有利于学生思维发展和问题解决的数学智慧课堂。

数学智慧课堂的构建需要我们探索适合学生学习的策略与方法。在这个过程中，我们应该注重学生的主体地位，激发他们的学习兴趣和积极性。我们应该提供多样化的学习资源，包括教材、互联网资源和实物模型等，以帮助学生更好地理解数学概念和解决问题。我们应该注重培养学生的问题解决能力，通过引导学生分析问题、制定解决方案、实施方案和评估结果的过程，培养他们的逻辑思维和创新能力。我们应该鼓励学生进行合作学习，组织小组活动，让学生相互交流和合作解决问题，培养他们的团队合作能力和交流能力。我们应该注重将数学知识应用到实际生活中，通过实际问题的探索和解决，培养学生的数学建模和应用能力。最重要的是，我们应该提供个性化的学习支持，根据学生的不同水平和兴趣，提供不同的学习任务和辅导指导，帮助他们实现个性化的学习目标。

数学智慧课堂的构建策略与方法是指在教学过程中，通过合理的教学设计和实施，培养学生的数学思维和数学智慧。数学智慧课堂的构建策略关键在于坚持以学习者为中心的教学理念，充分尊重学生的主体地位，发挥学生的主动性，引导学生进行自主建构和意义生成。同时，教师需要不断提升自身的专业素养和教学能力，以更好地适应数学智慧课堂的教学需求。

数学智慧课堂是一种重视学生主动学习、问题解决和合作学习的教学模式，它能够激发学生的学习兴趣和主动性，培养学生的数学思维能力和问题解决能力，促进学生的综合素质的发展。数学智慧课堂的构建政策与方法重在利用现代教育理念和教学技术手段，通过创设情境和问题引导学生主动探究、合作解决，培养学生数学思维能力和问题解决能力。

数学智慧课堂的构建策略与方法主要包括以下几个方面：

优化教学内容

数学智慧课堂的构建首先需要对教学内容进行优化。教师应根据学科知识结构和教学大纲，精选与学生生活经验和社会实际联系紧密的内容，强化数学在现实生活中的应用，激发学生的学习兴趣。此外，教学内容的整合也至关重要，要确保知识的连贯性和分层次性，使学生能够逐步巩固和扩展所学知识。

首先，教学内容的优化需要教师根据学科知识结构和教学大纲，精选与学生生活经验和社会实际联系紧密的内容。这可以使学生更加容易理解和掌握数学知识，同时也有助于激发他们的学习兴趣和动力。教师还可以通过引入生活中的实例和问题，将抽象的数学概念具体化、形象化，让学生感受到数学在现实生活中的应用和价值。

具体来说，教师可以选择一些与日常生活相关的数学问题作为教学案例，例如购物打折、计算利息、制作图形等，这些内容既能够帮助学生掌握数学知识，又能够扩展他们的视野和思维。此外，教师还可以通过引导学生解决一些实际问题，来激发他们的学习兴趣和动力，例如设计一个最佳的旅游路线、计算一个工程的预算等，这些内容既可以让学生运用所学的数学知识，又能够培养他们的创新能力和解决问题的能力。

其次，教学内容的整合也是至关重要的。要确保知识的连贯性和分层次性。教师需要对教学内容进行系统性的规划，确保知识的内在逻辑和结构清晰明了，同时根据学生的实际情况和需求进行分层次教学。这有助于学生逐步巩固和扩展所学知识，提高他们的数学能力和思维水平。

教学内容的整合需要教师根据学生的实际情况和需求进行分层次教学。这意味着教师需要了解每个学生的学习情况和需求，并根据这些情况制订相应的教学计划，提供相应的资源。例如，对于一些数学基础较差的学生，教师可以提供一些基础性的教学资源和练习，以帮助他们巩固基础；对于一些数学能力较强的学生，教师可以提供一些更高难度的题目和挑战，以帮助他们进一步提升数学能力。

创新教学方式

在数学智慧课堂中，传统的教师讲授模式已无法满足学生的需求。教师可以引入多种多样的教学方式，如项目式学习、合作学习、探究学习等，通过培养学生的独立思考和问题解决能力，激发他们对数学的兴趣和创造性思维。此外，借助现代技术手段，如智能电子白板、虚拟仿真实验等，能够使数学教学更加直观生动，增强学生的学习效果。

项目式学习是一种以项目为核心的学习方式，通过让学生参与实际问题的解决过程，培养他们解决问题的能力和团队合作精神。在数学课堂中，教师可以设计一些实际问题或者数学建模项目，让学生主动参与，运用所学知识解决问题。这种方式能够激发学生的兴趣，提高他们的学习动力。

合作学习是指学生在小组内协作完成学习任务的过程。通过小组合作，学生可以互相交流、讨论，并共同解决问题。在数学课堂中，教师可以设计一些合作学习活动，如小组讨论、角色扮演等，让学生在合作中发现问题、分析问题，从而促进他们的深入思考和理解。

探究学习是一种由学生自主探索、发现知识的学习方式。在数学课堂中，教师可以提供一些引导性问题或情境，让学生主动思考、探索，从中发现数学规律和解决问题的方法。这种方式能够培养学生的探究精神和创新能力，使他们在数学学习中变得更加主动和自信。

此外，现代技术手段也可以在数学教学中发挥重要作用。智能电子白板可以通过图像、动画等形式展示数学概念和运算过程，使学生更直观地理解数学知识。虚拟仿真实验可以让学生在虚拟环境中进行实验操作，观察实验结果，培养他们的科学素养和实验能力。这些技术手段能够增强学生的学习效果，提高他们对数学的兴趣。

创新教学方式是数学智慧课堂中的重要内容。教师可以通过项目式学习、合作学习、探究学习等方式引导学生积极参与、主动思考，并借助现代技术手段提供直观、生动的学习体验。这样的教学方式不仅有助于提升学生的学习效果，还能够培养他们的问题解决能力、创造性思维和团队合作精神。

激发学生参与

数学是一门需要主动参与和深度思考的学科。为了培养学生的主体性，教师在数学智慧课堂中可以采用一系列策略和方法，提高学生的学习兴趣和参与度，并提升他们的数学思维和解决问题的能力。

首先，教师可以设计一些具有挑战性和启发性的问题，引导学生独立思考和提出自己的观点。这些问题可以是真实生活中的情境或有趣的数学难题，让学生主动思考解决方法。通过尝试不同的思路和方法，学生将慢慢培养出数学思维和解决问题的能力。

其次，教师鼓励学生进行讨论、合作和分享。在课堂上组织小组讨论，学生可以交流彼此的想法和解题思路。通过思路碰撞和合作，学生之间可以相互学习和互通观点，提高他们的思维活跃度，激发他们的探索欲望。同时，教师可以要求学生将自己的解题过程和思路分享给全班，这样不仅可以提高学生的表达能力，也能激发其他同学的兴趣，并促进整个班级的学习氛围提升。

另外，教师还可以采用小组竞赛、角色扮演等形式，增强学生对课堂的主动参与。在小组竞赛中，教师可以设立一些有趣的数学游戏或挑战，让学生以小组为单位进行竞争。通过竞争的方式，学生们会更加积极地投入学习中，不断提升自己的数学能力。同时，角色扮演也是一种有效的激励方式，学生可以扮演数学家、问题解决者等角色，通过模拟的方式来应用数学知识，深入理解和掌握所学内容。

在数学智慧课堂中，教师的角色是引导者和推动者，通过设计恰当的问题、创设适宜的环境，并采用多种互动形式，激发学生的思考和参与。同时，教师还应该给予学生及时和具体的反馈，鼓励他们努力和进步，培养他们的自信心和学习积极性。

数学智慧课堂的实施需要注重培养学生的主体性和参与度。通过设计富有挑战性和启发性的问题，鼓励学生进行独立思考和创造性表达；通过讨论、合作和分享，促进学生之间的相互学习和交流；通过小组竞赛、角色扮演等形式，激发学生的积极性和主动性。只有在这样的课堂环境中，学生才能真正体验到数学的乐趣，提高数学素养。

多种教学资源的利用

数学智慧课堂可以充分利用各种教学资源，包括数学软件、模拟实验、多媒体教具等。教师可以利用这些资源提供丰富的学习体验和实例，帮助学生更好地理解和应用数学知识。

首先，数字化数学软件为数学教学提供了全新的可能。传统的数学学习往往依赖于纸上运算和绘图，限制了学生对数学的深入理解。然而，现代数学软件的出现，可以将抽象的数学概念转化为图像展示，使得学生能够通过直观的视觉感受来理解和应用数学知识。比如，教师可以使用 GeoGebra 等数学软件展示几何图形的变化过程，让学生通过观察图形的变化，深入理解几何定理的内涵。

其次，模拟实验是数学智慧课堂中不可或缺的一部分。通过模拟实验，学生可以在虚拟环境中进行数学问题的探究和实践，提高他们的动手实践能力和问题解决能力。例如，教师可以利用统计模拟软件，让学生通过实际数据的采集和统计分析，深入理解概率和统计学原理，提高他们对真实世界问题的理解能力。

此外，多媒体教具也是数学智慧课堂的重要组成部分。通过利用多媒体教具，教师可以将抽象难懂的数学概念转化为生动有趣的学习内容，激发学生的学习兴趣。比如，教师可以使用数学教育软件，在多媒体交互的环境下进行数学游戏和竞赛，提高学生的参与度和积极性。

通过充分利用各种教学资源，数学智慧课堂可以为学生提供更丰富、更具体的学习体验和实例，帮助他们更好地理解和应用数学知识。但是，教师在利用这些教学资源时需要注意以下几点：一是要选取与教学内容相符的教学资源，确保其能够帮助学生真正理解和掌握数学知识；二是要适度运用教学资源，避免过分依赖它们，以免影响学生自主学习和思考能力；三是要充分发挥教师的引导作用，引导学生正确使用教学资源，提升其学习效果和应用能力。

评价与反馈的有效运用

在数学智慧课堂中，评价与反馈是不可或缺的环节。教师应采用多样化的评价方式，包括平时作业、小组合作、项目展示等，全面了解学生的学习情况和能力水平。针对不同层次的学生，教师应提供个性化的反馈和指导，及时发现学生的问题并给予支持。此外，鼓励学生互评、自评和展示成果，能够促进他们更深入地理解和掌握数学知识。

评价是对学生学习情况进行全面了解的一种方式。教师可以采用多样化的评价方式，例如平时作业、小组合作、项目展示等，通过这些方式可以观察学生的表现，了解他们对数学的理解程度以及解题能力。通过这种综合评价的方式，教师可以全面地把握学生的学习状况，有针对性地进行教学。

而反馈则可以帮助学生更好地改进学习方法和提升学习效果。教师应该根据学生不同层次的学习情况，提供个性化的反馈和指导。对于学习较好的学生，教师可以给予肯定和鼓励，同时提供更高层次的挑战；对于学习较差的学生，教师应及时发现问题并给予支持，帮助他们找到错误的原因，并提供针对性的解决方法。通过及时的反馈和指导，学生可以更好地理解和掌握数学知识，提升学习效果。

此外，鼓励学生进行互评、自评和展示成果也是评价与反馈的有效运用方式。学生之间可以相互评价和分享学习成果，通过交流和讨论来加深对数学知识的理解。同时，学生还可以对自己的学习情况进行自我评价，反思自身的学习方法和策略，找出问题并进行改进。通过这种方式，学生可以更深入地理解和掌握数学知识，提高自己的学习能力。

评价与反馈在数学智慧课堂中具有重要的作用。教师应采用多样化的评价方式，全面了解学生的学习情况和能力水平，并针对不同层次的学生提供个性化的反馈和指导。同时，鼓励学生进行互评、自评和展示成果，促进他们更深入地理解和掌握数学知识。通过有效的评价与反馈，可以帮助学生提升学习效果，培养他们的数学智慧。

个性化教学的关注

随着教育理念的不断更新，个性化教学作为一种重要的教学模式逐渐受到人们的关注。在数学教学中，同样需要关注学生的个性化需求，制定相应的个性化教学方案。

每个学生都具有独特的学习方式和学习节奏，他们对数学的理解和学习程度也存在差异。因此，教师应该根据学生的差异性来制定个性化的教学方案，以更好地满足他们的需求。

在数学课堂上，可以开展小组协作学习活动。通过小组合作，学生可以互相交流、讨论，并共同解决问题。这样的学习方式不仅能够培养学生的团队意识和合作精神，还可以通过交流分享各自的思路和方法，促进彼此之间的学习进步。

除了小组协作，教师还可以留出一部分时间进行一对一的指导。通过与学生一对一的交流，教师可以更准确地理解学生的学习情况和困惑所在，从而有针对性地提供帮助和指导。这有助于学生更好地厘清数学概念，解决困惑，提升学习效果。

个性化教学可以更好地满足学生的需求，激发他们的学习积极性和自信心。每个学生都会在自己擅长的数学领域找到成就感，进而对数学有更多的兴趣和热爱。而将学生的兴趣与课程内容结合起来，能够激发他们探索数学的欲望，使他们主动参与学习，提升学习效果。

因此，数学智慧课堂需要关注个性化教学。教师应该根据学生的差异性制定个性化的教学方案。通过小组协作学习和一对一指导等方式，更好地满足学生的需求，提高他们的学习积极性和自信心。只有不断适应学生的需要，才能实现数学教学的最终目标，让每个学生都能够享受到数学学习的乐趣，并有所收获。

构建数学智慧课堂的策略与方法需要教师根据学科特点和学生需求，从优化教学内容、创新教学方式、激发学生参与以及有效运用评价与反馈、关注个性化教学等多个方面综合考虑。通过这些策略与方法的应用，数学智慧课堂将为学生提供更具挑战性和启发性的学习环境，培养他们的数学思维能力和创新精神。

2.3 数学智慧课堂的实施步骤与要点

实施数学智慧课堂是一种革新的教学模式，它通过培养学生的数学智慧和创造力，旨在激发他们的学习兴趣并提升数学学习的效果。为了实施数学智慧课堂，我们需要遵循一系列的步骤和要点，并将其融入教学实践中。

2.3.1 数学智慧课堂的实施步骤

数学智慧课堂作为一种新型的教学模式，以培养学生的数学思维和解决问题能力为核心，已经在一些先进的教育实践中得到了应用和检验。

然而，要成功实施数学智慧课堂，需要教师具备清晰的实施步骤。

前期学情分析

前情分析是对学生的学习情况进行全面分析，包括学生的数学能力、学习风格、学习动机、信息素养等方面，以便为每个学生创造参与课堂学习的机会。

在构建数学智慧课堂的过程中，第一个步骤是进行前期学情分析。这一分析能够帮助教师深入了解学生的学习情况，有针对性地制订教学方案，为每个学生创造参与课堂学习的机会。

首先，学生的数学能力是进行学情分析的重要方面。教师可以通过诊断测试、作业和平时表现等方式，对学生的数学知识掌握程度进行评估。这样就能够了解学生的数学基础，发现他们的优势和不足之处。对于掌握较好的学生，教师可以设计一些具拓展性的学习任务，激发他们的学习兴趣和挑战他们的思维能力。对于掌握较差的学生，教师可以提供更多的支持和指导，帮助他们填补知识漏洞，建立自信心。

其次，学生的学习风格也是进行学情分析的重要因素。每个学生都有不同的学习偏好和方式，有些学生喜欢通过文字学习，而有些学生则更喜欢通过图像或实践来学习。了解学生的学习风格，教师可以根据学生的特点，设计相应的教学活动，提供相应的资源。例如，对于喜欢图像学习的学生，教师可以准备一些可视化的教学材料和动画演示，以便他们更好地理解数学概念和关系。对于喜欢实践学习的学生，教师可以组织实际操作和实验，让学生亲自动手解决问题，加深他们对数学知识的理解和记忆。

再次，学生的学习动机也是进行学情分析的重要内容。学习动机直接影响学生在课堂上的参与度和学习效果。教师可以通过问卷调查、小组讨论等方式了解学生的学习动机，例如他们对数学的兴趣程度、学习目标和期望等。根据学生的学习动机，教师可以设计一些具有挑战性和实用性的数学问题和活动，激发学生的学习兴趣和动力。同时，教师也可以与学生进行心理沟通，了解他们的学习困难和需求，给予他们更多的支持和帮助。

最后，学生的信息素养也是进行学情分析的一个重要方面。在信息时代，信息素养是学生必备的能力之一，它包括信息获取、信息评估、信息应用和信息创新等多个方面。教师可以通过观察学生对信息的处理和利用情况，评估他们的信息素养水平。对于信息素养较低的学生，教师可以安排一些信息素养培养的活动，例如教授信息搜索技巧和评估信息的可靠性等。

除了上述提到的方面，还有一些其他重要的要素需要考虑在内。例如，教师可以观察学生的学习习惯和学习风格，包括学习时间的安排、学习环境的选择等。了解学生的学习习惯，教师可以根据学生的个体差异，提供适合他们的学习建议和指导，帮助他们养成良好的学习习惯。

此外，还需要考虑学生的学习背景和经验。教师可以通过调查问卷、个别访谈等方式，了解学生在数学学科中的学习经历和挑战。这些信息可以帮助教师更好地了解学生的学习需求和困难，为他们提供有针对性的支持和指导。

另外，教师还应该关注学生的情感状态和心理健康。学习是一个情感和认知相互作用的过程，学生的情绪和心理状态会直接影响他们在课堂中的学习表现和效果。教师可以与学生建立良好的师生关系，提供情感支持和鼓励，帮助他们建立积极的学习心态和情感状态。

最后，通过前期学情分析，教师还可以发现学生的特长和潜力。每个学生都有独特的优势和潜力，教师可以根据学生的特长，鼓励他们在数学领域进行深入探究和创新。例如，对于数学天赋较高的学生，教师可以提供更高难度的数学问题，促使他们在数学中有更深入的理解和应用。

前期学情分析是构建数学智慧课堂的关键一环，它帮助教师深入了解每个学生的学习情况，并根据学生的个体差异进行个性化教学。通过前期学情分析，即深入了解学生的数学能力、学习风格、学习动机、信息素养以及其他方面的特点，教师可以更好地发挥数学智慧课堂的优势，提升学生的学习效果和兴趣。

教学内容设计

在构建数学智慧课堂的过程中，教师需要根据学生的学习情况和教学目标，设计出符合学生实际情况的教学内容。同时，合理运用信息技术，为每个学生创造参与课堂学习的机会。

首先，根据前期学情分析的结果，教师可以了解到学生的数学能力和学习需求。在这基础上，教师可以设计出不同难度和深度的数学问题，以满足每个学生的学习需要。

其次，教师可以合理运用信息技术，为每个学生创造参与课堂学习的机会。信息技术在数学教学中有着广泛的应用，可以为学生提供丰富的学习资源和交互式的学习环境。例如，教师可以利用数学软件和应用程序，设计出一些虚拟实验和互动模拟，让学生通过实践探索和互动学习，加深对数学概念和原理的理解。同时，教师还可以利用网络资源，为学生提供更多的学习材料和习题，供他们在课后进行自主学习和巩固。

再次，教师还可以通过小组合作和互助学习的方式，提升学生的参与度和学习效果。例如，教师可以组织学生进行小组讨论和合作解题，让学生通过互相交流和合作，共同解决问题，促进彼此的学习和进步。同时，教师还可以利用信息技术，为学生提供在线协作平台和工具，方便学生进行远程合作和交流。

另外，教师还可以设计一些项目式学习和实践性任务，激发学生的学习兴趣和动力。例如，教师可以组织学生进行数学建模和实际问题的解决，让学生将数学知识应用于实际场景中，提高他们的问题解决能力和创新思维。

最后，教师还应该注重个性化教学，为每个学生提供个性化的学习资源和支持。根据学生的学习风格和需求，教师可以为他们提供不同形式的学习材料和任务。例如，对于喜欢图像学习的学生，教师可以提供一些可视化的学习资源和问题，以帮助他们更好地理解数学概念和关系。对于喜欢文字学习的学生，教师可以提供一些阅读材料和文字解析的问题，以帮助他们深入理解数学知识。

创建智慧教学环境

在创建数学智慧课堂的过程中，创建智慧教学环境是至关重要的一步。利用云计算、大数据、人工智能等技术，可以实现教学资源共享、实时互动和数据分析，为教学提供更多的可能性和支持。

首先，利用云计算技术可以实现教学资源的共享和存储。通过将教学资源存储在云服务器上，教师和学生可以随时访问和共享这些资源。教师可以将课件、习题、实验数据等教学资源上传到云服务器上，方便学生在课堂上或课后进行学习和复习。同时，学生也可以将自己的作业和研究成果上传到云服务器上，与教师和其他同学进行分享和讨论。

其次，利用大数据技术可以对教学数据进行挖掘和分析。通过收集和分析学生的学习数据，教师可以了解学生的学习情况和进展，提供个性化的学习支持和指导。例如，通过分析学生的作业和考试成绩，教师可以发现学生的薄弱环节，有针对性地提供辅导和讲解。同时，教师还可以利用大数据技术分析学生的学习习惯和学习方式，为他们提供更适合的学习资源和学习策略。

此外，利用人工智能技术可以实现教学过程的智能化和个性化。通过运用人工智能技术，教师可以设计智能化的学习系统和辅助工具，帮助学生进行自主学习和解决问题。例如，教师可以利用人工智能技术开发一些智能辅导系统，根据学生的学习情况和需求，提供个性化的学习支持和指导。同时，教师还可以利用人工智能技术开发一些智能化的学习工具，如智能题库、智能试卷等，帮助学生进行学习和评估。

最后，利用云计算、大数据、人工智能等技术可以实现教学的实时互动和反馈。通过运用云计算技术，教师和学生可以在课堂上通过电子设备进行实时互动，回答问题、发表意见等。同时，教师还可以利用大数据技术分析学生的实时学习数据，为他们提供即时的反馈和指导。另外，通过运用人工智能技术，教师可以设计一些智能化的评估工具，对学生的学习表现进行实时评估和反馈。

通过创建智慧教学环境，利用云计算、大数据、人工智能等技术，教师可以实现教学资源的共享、实时互动和数据分析。这将为教学提供更多的可能性和支持，提升教学效果和学生的学习体验。同时，教师还可以根据学生的学习情况和教学需求，灵活调整教学策略和教学资源，提供个性化的学习支持和指导。这不仅可以提升学生的学习兴趣和主动性，还能够提升教学效果和学习成果的质量。

协作学习和个性化学习

在创建智慧教学环境的数学课堂中，协作学习和个性化学习是非常重要的步骤。在智慧教学环境下，鼓励学生开展协作学习，通过小组讨论、解题研讨等方式，提高学生的团队合作能力和数学思维能力。同时，教师还应根据每个学生的学习情况和需求，为学生提供个性化的学习指导。

首先，通过协作学习，学生可以在小组中进行讨论、解题研讨等活动，促进彼此之间的合作和协作能力提升。在智慧教学环境下，教师可以设计一些协作学习任务和活动，例如小组讨论、项目研究等，让学生在团队中共同解决数学问题和完成学习任务。通过协作学习，学生可以互相交流和分享自己的思路和解题方法，从而提高自己的数学思维能力和解决问题的能力。

其次，教师还应根据每个学生的学习情况和需求，为他们提供个性化的学习指导。在智慧教学环境下，教师可以利用云计算、大数据和人工智能等技术，根据学生的学习数据和行为，进行个性化的学习分析和评估。通过分析学生的学习数据，教师可以了解每个学生的学习习惯、学习风格和学习进度，从而为他们提供个性化的学习资源和学习策略。教师可以根据学生的学习情况和需求，为他们提供不同形式的学习材料和任务，以帮助他们更好地理解数学概念和关系。

在智慧教学环境中，协作学习和个性化学习相辅相成，可以更好地满足学生的学习需求和提升他们的学习效果。协作学习可以促进学生之间的互动和合作,培养他们的团队合作能力和沟通能力。通过与其他同学一起讨论和解决问题，学生可以从不同的角度和思维方式中获得启发和帮助，提高自己的数学思维能力。

而个性化学习则可以根据每个学生的学习情况和需求，为他们提供个性化的学习指导和支持。通过分析学生的学习数据，教师可以了解每个学生的学习特点和问题所在，从而为他们提供有针对性的学习资源和学习策略。这样，学生可以根据自己的学习进度和兴趣进行学习，提升学习效果和兴趣。

在数学智慧课堂中,协作学习和个性化学习的实施需要教师的指导和支持。教师可以设计合适的学习任务和活动，鼓励学生积极参与协作学习。同时，教师还可以利用云计算、大数据和人工智能等技术，为学生提供个性化的学习指导和支持。协作学习和个性化学习的实施，可以有效提高学生的团队合作能力和数学思维能力，促进他们的学习发展。

在数学智慧课堂中，协作学习和个性化学习的实施还可以通过以下方式进一步提升教学效果：

创设合适的协作学习环境。教师可以提供合适的学习场景和工具，如在线讨论平台、协作工具等，以促进学生之间的协作和交流。同时，教师还可以组织学生进行小组合作，分配不同的角色和任务，鼓励学生共同解决问题，提高团队合作能力。

提供个性化学习资源。教师可以根据每个学生的学习需求和兴趣，为他们提供个性化的学习资源。通过智能化的学习系统和推荐算法，教师可以根据学生的学习数据和反馈，为他们推荐适合的学习材料和任务，帮助他们更好地掌握数学知识。

设计个性化学习任务。教师可以根据学生的学习情况和能力，设计个性化的学习任务。例如，针对不同的学习水平，可以设置不同的难度和复杂度的数学问题，让学生在解决问题的过程中发展自己的数学思维能力和解决问题的能力。

提供及时的反馈和指导。在协作学习和个性化学习过程中，教师应提供及时的反馈和指导。通过分析学生的学习数据和表现，教师可以为学生提供个性化的反馈和指导，帮助他们发现和解决问题，提升学习效果。同时，教师还可以通过在线讨论和互动，与学生进行实时的交流和反馈。

评估和监控学生的学习进展。教师可以利用大数据和人工智能技术，对学生的学习数据进行分析和监控。通过监控学生的学习进展和行为，教师可以及时发现学生学习遇到的困难和问题，为他们提供有针对性的学习支持和指导，帮助他们克服困难，提升学习效果。

通过协作学习和个性化学习，学生可以在与他人的合作中提高团队合作能力和数学思维能力，同时也可以根据自身的学习需求和兴趣进行学习，提升学习效果和兴趣。在智慧教学环境下，教师应充分利用云计算、大数据和人工智能等技术，为学生提供个性化的学习支持和指导，促进他们的学习发展。

教学评价与反馈

在创建数学智慧课堂的过程中，教学评价与反馈是非常重要的一环。教师通过实时监控学生的学习进度和成绩，对教学进行评价和反馈，利用数据分析，找出教学中的不足之处，可以及时调整教学策略和方法，提升教学效果。

首先，借助智慧教学环境所提供的技术和工具，教师可以实时监控学生的学习进度和成绩。通过在线学习平台、学习管理系统等工具，教师可以了解每个学生的学习情况，包括学习进度、学习成绩、学习行为等。这些数据可以帮助教师及时发现学生的学习困难和问题，为他们提供个性化的学习支持和指导。

其次，教师可以利用数据分析的方法，对学生的学习数据进行分析，找出教学中的不足之处。通过分析学生的学习数据，教师可以了解学生的学习情况和学习特点，从而发现教学中存在的问题和教学策略的不足之处。例如，教师可以分析学生的错误率和错误类型，找出学生容易犯的错误和常见的误区；同时，教师还可以分析学生的学习时间和学习进度，了解学生的学习效率和学习动力。

基于数据分析的结果，教师可以及时调整教学策略和方法，提升教学效果。例如，针对学生容易犯的错误和常见的误区，教师可以设计相应的教学活动和练习题，帮助学生克服困难和提升学习效果；同时，教师还可以根据学生的学习时间和学习进度，合理安排学习任务和学习计划，提高学生的学习动力和学习效率。

在教学评价和反馈的过程中，教师还应注意以下几点：

教师应及时向学生反馈他们的学习情况和成绩。通过个别面谈、在线评价和成绩反馈等方式，教师可以告诉学生他们在学习中的优点和不足之处，帮助他们更好地认识自己的学习状况。

在给学生反馈的同时，教师还应提供具体的建议和指导。例如，教师可以告诉学生如何改正常见的错误，走出误区，提供额外的练习题和学习资源，帮助他们提升学习效果。

教师可以鼓励学生进行自我评价和反思，帮助他们更好地了解自己的学习情况和学习需求。通过自我评价和反思，学生可以发现自己的学习问题和不足之处，并提出相应的解决方案。

教师应建立开放和积极的反馈机制，鼓励学生提出问题和建议。教师可以通过问卷调查、课堂讨论、在线反馈平台等方式，收集学生对教学的反馈和建议。教师可以认真倾听学生的意见和建议，及时改进教学方法和策略，提高教学质量。

总之，教学评价与反馈是数学智慧课堂中不可或缺的一环。通过实时监控学生的学习进度和成绩，利用数据分析找出教学中的不足之处，并及时调整教学策略和方法，教师可以提升教学效果，促进学生的学习发展。同时，教师还应提供及时的反馈和指导，鼓励学生自我评价和反思，并建立开放和积极的反馈机制，以不断改进教学，提升学生的学习体验和学习成果。

2.3.2 数学智慧课堂的实施要点

数学智慧课堂的建设是一项复杂而又有挑战性的任务，它需要教师们在教学过程中遵循一系列的实施步骤，并且在实施过程中注意一些关键要点。

前期准备工作

数学智慧课堂是一种创新的教育理念，它融合了现代信息技术和数学教学方法，旨在提高学生的数学素养和解决问题的能力。在实施数学智慧课堂之前，充分的准备工作是必不可少的。在开设数学智慧课堂之前，我们需要进行一系列的前期准备工作，以确保课堂的顺利进行，让学生能够充分展示他们的数学思维能力，并培养解决实际问题的能力。

首先，教师需要明确课程目标。数学智慧课堂的目标应该与课程内容相匹配，并能够激发学生的学习兴趣和动力。例如，教师可以设定提高学生的数学思维能力、培养解决实际问题的能力等为课程目标。这样的目标可以帮助教师和学生明确学习的方向和目标，为教学活动提供一个明确的框架。

其次，教师需要准备教材和相关教学资源。教师应该根据课程目标选取符合要求的教材，并提前准备相关教学资源，如幻灯片、练习题等。这些教学资源可以提供给学生，使其进行自主学习和合作学习，提升他们的学习效果和学习兴趣。此外，教师还可以根据学生的不同需求和学习风格，选择不同的教材和资源，以满足每个学生的学习需求。

同时，教师还应该布置课堂环境。数学智慧课堂强调学生的主动参与和合作学习，因此教师应该布置一个舒适而鼓励合作的课堂环境。例如，教师可以采用圆桌座位布置方式，为小组合作提供便利和鼓励。此外，教师还可以装饰课堂墙壁，展示一些数学问题和解决思路，激发学生的学习兴趣和思考能力。

最后，教师还应该准备好自己的教学计划和教学方法。教师可以根据课程目标和学生的实际情况，设计合适的教学计划，并选择适当的教学方法和策略。例如，教师可以采用探究式学习、合作学习和启发式学习等方法，引导学生主动探索和合作学习，提升他们的学习效果和学习动力。教师还可以预先准备一些引导问题和案例，帮助学生理解和解决数学问题，培养他们的问题解决能力和数学思维能力。

数学智慧课堂的前期准备工作对于教学的顺利进行和达到预期的教学目标

至关重要。教师需要明确课程目标，准备好教材和相关教学资源，布置好课堂环境，并设计合适的教学计划和教学方法。只有在充分的准备和计划下，才能实施出高效、有趣、富有挑战性的数学智慧课堂，为学生的数学学习带来更多的乐趣和成就。

教师引导的关键技巧

在数学智慧课堂中，教师的引导技巧起着至关重要的作用。下面是一些关键的技巧，可以帮助教师有效引导学生学习。

首先，激发学生的兴趣是非常重要的。教师可以用生动有趣的方式引入课程内容，例如通过实际生活案例或趣味问题让学生主动思考。这样的引入方式可以吸引学生的注意力和兴趣，让他们更愿意参与到课堂中来。同时，教师还可以通过展示一些有趣的数学实验或应用案例，向学生展示数学在现实生活中的应用，激发他们的学习兴趣和动力。

其次，引导学生提问是培养他们主动思考能力的重要手段。教师可以通过提问引导学生思考，鼓励他们在课堂上提出问题和疑惑，并给予积极的反馈。教师可以提出具开放性的问题，鼓励学生自由思考和表达自己的观点。同时，教师还可以组织学生之间的讨论和交流，让他们相互借鉴和启发，共同解决数学问题。这样的引导方式可以培养学生的批判性思维和问题解决能力。

此外，具创造性的讲解方式也是教师引导学生学习的关键技巧之一。教师可以使用多种教学方法，如示例演示、图表展示等，以便让学生更好地理解抽象的数学概念。例如，教师可以通过具体的实例来说明抽象的数学概念，帮助学生建立概念形象和联系。此外，教师还可以使用图表、模型等工具来辅助讲解，让学生更直观地理解数学概念和原理。

最后，组织合作学习是教师引导学生学习的重要手段之一。教师可以设计小组活动，鼓励学生合作解决数学问题，提升他们的团队合作能力和交流技巧。在小组活动中，教师可以给予学生适当的指导和支持，同时也要给予他们一定的自主权，让他们能够充分发挥自己的想象力和创造力。通过合作学习，学生可以相互借鉴和启发，共同解决数学问题，提升他们的学习效果和学习动力。

数学智慧课堂中，教师的引导技巧对于学生的学习起着至关重要的作用。教师可以通过激发学生的兴趣、引导学生提问、运用具创造性的讲解方式和组织合作学习等手段，帮助学生更好地理解数学概念和解决数学问题。通过教师的引导，学生可以更深入地学习和掌握数学知识，提升他们的学习效果和学习兴趣。

学生参与的关键技巧

在数学智慧课堂中，与学习知识同样重要的是学生提升课堂参与度、问题解决能力、创新思维和增强合作学习。这些技巧不仅能提升学生在学术上的成绩，更能为他们将来的职业发展奠定基础。下面，我们将探讨一些关键技巧，以帮助学生更好地参与学习。

首先，积极参与课堂讨论对于学生的学习起到至关重要的作用。应鼓励学生积极参与课堂讨论，勇于提问和回答问题。这不仅可以增加他们的学习时间，还可以培养他们的自信心和表达能力。学生可以通过提出疑问或分享自己的见解，将被动听课转变为主动参与，从而更好地理解和吸收知识。

其次，学生需要培养问题解决能力。数学问题是一种常见的挑战，因此教导学生处理数学问题的步骤非常重要。学生应该学会分析问题，找到解决途径，并进行推理判断。透过这种方法，他们可以更好地开发自己的思维能力和逻辑思维。通过不断练习和探索，学生将能够更加熟练地解决数学难题，并在日常生活中运用这种解决问题的能力。

再次，鼓励创新思维是培养学生综合素质的重要一环。学生应该被激励从不同角度思考问题，并提出新的解决方案。这可以通过课堂上的讨论、小组合作和自主学习来实现。通过给予学生足够的自由度和具启发性的问题，他们将更有机会展示他们的创造力和独特的见解。这种创新思维不仅对学生自身的发展有益，而且对于社会的进步也起到了积极的推动作用。

最后，学生应该掌握合作学习技巧。与他人进行有效的沟通、倾听和尊重他人观点是非常重要的。学生应该学会在合作中分工、共享知识，这样才能更好地实现团队的目标。通过与他人合作学习，学生能够分享自己的理解和经验，并从他人的观点和见解中汲取营养。这不仅能够丰富学生的知识，也能够提高他们的合作能力和团队意识。

学生参与的关键技巧包括提升课堂参与度、问题解决能力、创新思维和增强合作学习。通过这些技巧，学生将能够在学术上取得更好的成绩，并为未来的职业发展做好准备。同时，这些技巧也能帮助学生建立自信心、培养创造力和促进人际交往。让我们鼓励学生不断锤炼这些技巧，为他们的未来奠定坚实的基础。

数学智慧课堂通过创造性的教学方法和互动式学习环境，培养学生的问题解决能力和创新思维。教师引导和学生参与是实施数学智慧课堂的关键技巧，而前期准备和课堂管理的良好执行则是成功的基础。通过数学智慧课堂，我们可以更好地激发学生对数学的兴趣，并帮助他们成为具有批判性思维和创新精神的数学家。

第三章　数学智慧课堂的信息技术支持

随着信息技术的不断发展，计算机技术、人工智能技术、虚拟现实技术等在教育领域的应用正在不断增加。这为数学智慧课堂提供了更多的技术支持和应用场景。信息技术在数学教学中的应用为教师提供了更多的教学工具和方法，同样也为学生提供了更加丰富、个性化的学习资源和学习方式。这些技术的应用有助于提升教学的灵活性、互动性和效果，增加学生对数学的兴趣，促进学生对教学的理解，从而提高整体的教学质量。

3.1 多媒体信息技术在数学智慧课堂中的应用

多媒体信息技术是指利用计算机和通信技术，将不同形式的媒体（如图像、声音、视频等）进行数字化处理，然后通过计算机网络或其他媒介进行传输、存储、处理和展示的技术。多媒体信息技术可以将文字、图像、声音、视频等多种形式的信息进行集成和交互，提供更加直观和丰富的用户体验。

多媒体信息技术在数学智慧课堂中的应用是指利用多媒体技术，将数学概念、问题和解题方法以图像、动画、视频等形式进行展示和演示，以提升学生的学习效果和学习兴趣。通过多媒体技术，教师可以利用图像、音频、视频等多种媒体形式，将抽象的数学概念和问题以直观的方式呈现给学生。这种多媒体形式的教学可以激发学生的兴趣，提高他们的学习积极性和参与度。

在数学智慧课堂中，多媒体信息技术可以用于以下方面：

演示教学

教师可以利用多媒体技术制作教学演示课件，通过图像、动画、视频等形式，直观地展示数学概念和解题方法。这种教学方式可以帮助学生更好地理解和掌握数学知识。

传统的数学教学中，学生往往只能通过文字和公式来学习数学知识，这往往会给学生带来困扰。因为数学的抽象性质，许多概念和定理对学生来说并不直观，难以理解和应用。然而，多媒体信息技术的应用改变了这种情况，为数学教学带来了新的可能。通过多媒体信息技术，教师可以使用动画、图像和视频等形式来展示数学概念、定理、公式、实例等内容，使抽象的数学知识变得形象、生动，更易于学生理解和掌握。

通过多媒体信息技术，教师可以以图像、动画和视频等形式展示教学知识。

在几何学中，教师可以使用动画来展示平面图形的构造过程和性质。通过动态的演示，学生可以更加直观地观察和理解图形的特征和变化。这样的展示方式不仅使学生对几何概念有更深入的理解，还能够激发他们的想象力和探索精神。例如，教师可以使用动画展示三角形的角平分线构造过程，帮助学生理解角平分线的定义和性质。

在代数学中，多媒体信息技术也能起到重要的作用。例如，教师可以使用图像展示函数的图像特征和变化趋势。通过观察图像，学生可以更好地理解函数的定义、性质和应用。同时，教师还可以使用动画和实例演示解方程的过程，使学生对方程的解法有更深入的理解和记忆。

通过多媒体信息技术的演示和展示，数学知识变得形象、生动，更易于学生理解和掌握。学生可以通过视觉和听觉的方式来感知和理解数学概念，从而提升学习效果和学习兴趣。同时，多媒体信息技术的应用还可以激发学生的创造力和思维能力，培养他们的数学思维和问题解决能力。

互动学习

在数学智慧课堂中，多媒体技术的应用不仅限于教学演示，还可以通过创建互动式的学习活动，激发学生的学习兴趣和主动参与。

多媒体技术包括图像、音频、视频和其他交互式元素，这些元素的结合运用可以帮助教师创造出互动环境。教师可以利用教育软件、在线学习平台或互动白板等工具，设计出各种类型的互动练习、游戏和小组合作活动，以提升学生的学习效果和学习兴趣。

通过多媒体技术创建互动式的学习活动可以激发学生的学习兴趣和主动参与。以填空题为例，教师可以设计出一系列有关数学概念和解题方法的填空题，让学生通过点击、输入答案等方式做题。学生可以根据自己的学习进度和需求进行填空，然后通过互动界面获取实时的反馈和解题提示。这种互动学习方式不仅可以帮助学生理解和掌握数学概念，还可以培养他们的解题能力和思维能力。

除了填空题，教师还可以设计拖拽题、选择题等形式的练习，让学生通过拖拽图形、选择答案等操作来进行学习。通过互动界面的设计，学生可以根据自己的学习需求和进度进行个性化学习，解答习题和进行实验。同时，教师还可以根据学生的答题情况和反馈数据进行个性化指导，帮助他们克服困难和提升学习效果。

互动学习活动不仅可以提供更丰富的学习体验，还可以培养学生的合作学习和解决问题的能力。通过设计小组合作活动，学生可以在互动界面上进行协作和讨论，解决数学问题。例如，教师可以设计数学游戏，让学生分组进行竞赛，通过互动界面的设计，学生可以在游戏中进行操作和答题，根据自己的学习进度和需求进行个性化学习。同时，游戏还可以通过竞赛和排名等机制激发学生的学习动力，促使他们主动参与学习和提升学习效果。

通过多媒体技术创建互动式的学习活动，可以激发学生的学习兴趣和主动参与，提升学习效果和学习动机。同时，互动学习活动还可以培养学生的合作学习和解决问题的能力，促进学生的自主学习和思维能力的发展。因此，多媒体技术在数学智慧课堂中的应用具有重要意义，为学生提供了更丰富和多样化的学习体验，帮助他们更好地理解和掌握数学知识。

实时反馈

在数学智慧课堂中，多媒体技术可以通过学习管理系统或教学软件实现实时反馈。教师可以根据学生的学习数据和答题情况，及时了解学生的学习进度和理解程度，从而有针对性地进行指导和帮助。

通过多媒体技术，教师可以实时获取学生的学习数据，包括学习进度、学习时间、答题正确率等。教师可以根据这些数据，了解学生的学习情况，判断学生的学习效果和掌握程度。例如，教师可以通过学习管理系统查看学生在教学软件中的学习进度和学习时间，了解学生是否完成了预定的学习任务。同时，教师还可以通过教学软件的答题统计功能，查看学生的答题情况和答题正确率，了解学生对于数学知识和解题方法的掌握情况。

通过实时反馈，教师可以及时发现学生的困难和问题，从而有针对性地进行指导和帮助。例如，如果学生在某个知识点上答题错误率较高，教师可以通过实时反馈的数据分析，判断学生对于该知识点的理解程度，然后有针对性地进行解释和讲解。教师还可以根据学生的学习情况，调整教学策略和教学内容，帮助学生克服困难，提升学习效果。

实时反馈还可以帮助学生更好地自我评估和反思。通过多媒体技术，学生可以在答题过程中及时获得反馈和解题提示，了解自己的答题情况和解题思路是否正确。这样，学生可以及时调整学习策略，纠正错误，提升学习效果。同时，学生还可以通过多媒体技术提供的学习数据，了解自己的学习进度和学习水平，进行自我评估和反思，从而更好地制订和调整学习计划。

多媒体技术可以用于实时反馈学生的学习情况和答题情况，帮助教师了解学生的学习进度和掌握程度，并有针对性地进行指导和帮助。通过实时反馈，学生可以及时获得反馈和解题提示，提升学习效果。同时，学生还可以通过多媒体技术提供的学习数据，进行自我评估和反思，更好地制订和调整学习计划。因此，多媒体技术在实时反馈方面的应用具有重要意义，为学生提供了更加个性化和有针对性的学习支持。

虚拟实践

虚拟实践是多媒体技术在数学教育中的一种重要应用。通过创建虚拟环境，学生可以进行实际的数学实践活动，如几何建模、数据分析等，从而提高他们的数学思维和问题解决能力。

在几何学中，通过多媒体技术可以创建逼真的虚拟环境，让学生进行几何建模和变换的实践。学生可以在虚拟环境中进行平面图形的构造和变换，观察和分析图形的性质和变化规律。例如，学生可以通过虚拟实践活动，探索平行线和垂直线的性质，了解平行线和垂直线之间的关系，进而应用到实际问题中。通过虚拟实践活动，学生可以更加深入地理解和掌握几何学的概念和原理，提高他们的几何思维和问题解决能力。

在数据分析中，通过多媒体技术可以创建虚拟实践环境，让学生进行实际的数据收集、整理和分析。学生可以在虚拟环境中收集和整理数据，利用统计方法和图表工具进行数据分析和推断。例如，在统计学中，学生可以通过虚拟实践活动，了解数据的收集和整理过程，学习如何利用统计方法和图表工具来描述和分析数据。通过虚拟实践活动，学生可以提高他们的数据分析和推断能力，培养他们的数学思维和问题解决能力。

通过虚拟实践活动，学生可以在安全、自由的环境中进行实际操作和探索，提高他们的数学思维和问题解决能力。虚拟实践活动还可以根据学生的学习进度和需求进行个性化设置，让学生根据自己的学习需求和兴趣进行实践活动。例如，学生可以根据自己的学习目标和兴趣，在虚拟环境中选择不同的实践活动，进行个性化学习和探索。通过虚拟实践活动，学生可以更加主动地参与学习，提升学习效果和学习动机。

通过多媒体技术创建虚拟实践环境，可以模拟实际的数学实践活动，提高学生的数学思维和问题解决能力。在几何学中，学生可以通过虚拟环境进行几何建模和变换的实践。在数据分析中，学生可以通过虚拟环境进行数据收集、整理和分析的实践。通过虚拟实践活动，学生可以在安全、自由的环境中进行实际操作和探索，提高他们的数学思维和问题解决能力。因此，虚拟实践在数学教育中的应用具有重要意义，为学生提供了更加实际和个性化的学习体验。

3.2 移动学习技术在数学智慧课堂中的应用

提供随时随地的学习支持和个性化学习体验

随着移动学习技术的普及，学习的限制已经从课堂扩展到了生活的每一个角落。特别是在数学教学中，这种技术的应用为学生提供了随时随地的学习支持和个性化学习体验。

首先，移动学习技术能够为学生提供随时随地的学习支持。无论是在校园、家中，甚至是在公交车上，学生都可以通过移动设备，如智能手机或平板电脑，随时随地进行数学学习。这种方式不仅打破了时间和地点的限制，还使得学习过程更加灵活和便捷。

其次，应用移动学习技术可以为学生提供个性化的学习体验。教师可以利用移动学习平台或教学应用程序，根据每个学生的学习需求和能力水平，为他们提供量身定制的学习内容和学习任务。例如，教师可以根据学生在移动学习平台上的学习表现，调整其学习任务的难易度和复杂度，使之更符合学生的学习需求。

更值得注重的是，学生可以通过移动设备完成数学练习、解题训练和学习任务，并能随时获得教师的指导和反馈。这种方式不仅为学生提供了即时的学习反馈，也有助于他们及时发现和解决学习中的问题。

移动学习技术在数学智慧课堂中的应用，不仅为学生提供了更多的学习机会，也为他们创造了个性化的学习体验。这种学习方式不仅能激发学生的学习兴趣，提高他们的自主学习能力，还有助于培养他们的问题解决能力和创新思维。

提供与实际场景结合的数学学习体验

移动学习技术通过智能设备的定位服务和增强现实技术 (AR)，将学习者带入一个富有探索性的环境。学生可以在实际环境中，通过 GPS 定位和移动设备的摄像头，进行数学实践和探索。例如，在户外探索活动中，学生可以扫描周围的物体或景物，增强现实技术将数学相关的信息和问题虚拟地显示在这些物体或景物上。这种方式不仅在视觉上吸引学生，也极大地促进了他们对数学知识的理解和掌握。

通过移动学习技术，抽象的数学知识能够与实际场景紧密结合，让学生在实际操作和观察中理解和掌握数学知识。不同于传统的课堂教学，这种实践式的学习方式更能激发学生的学习兴趣，培养他们的观察和思考能力。看似普通的物体和景物,通过增强现实技术的运用,可以变成充满挑战和乐趣的数学问题。

而更重要的是，这种学习方式还可以培养学生的数学思维和创新能力。在解决实际问题的过程中，学生需要运用数学知识，并进行有创新性的思考。这种过程不仅锻炼了学生的数学技能，也培养了他们的解决问题的能力，对于他们未来的学习和生活具有深远的影响。

促进学生之间的协作和交流

在传统的教室环境中,学生的交流和协作可能受到时间、空间等因素的限制。然而，随着移动学习技术的出现和应用，这些限制正在逐渐消失，学生之间的协作和交流得到了前所未有的促进。

移动学习技术能够让学生随时随地进行学习，使得学生之间的交流和协作不再受限于物理空间。通过移动设备，学生可以在任何时间、任何地点与教师和同学进行即时的在线讨论和互动。无论是在家中，还是在公共交通工具上，学生都可以方便地参与到学习活动中。

在此基础上，教师可以运用移动学习平台或教学应用程序，组织在线讨论和合作学习活动。学生可以在这些平台上发布自己的观点，参与学生和教师的讨论，从而共享知识，碰撞思想。同时，教师可以及时回应学生的疑问和观点，给予必要的指导和鼓励，使得教学过程更加有效和高效。

更为重要的是，这种方式可以提高学生的思辨能力和表达能力，培养他们的团队合作和社交技能。在交流和协作的过程中，学生需要清晰地表达自己的观点，理解和接受他人的想法，这无疑对他们的思维能力和语言表达能力是一种锻炼。同时，这种协作方式也有利于培养学生的团队精神和社交技能，这些技能对于他们未来的成长和发展具有重要的价值。

移动学习技术为学生之间的协作和交流提供了新的平台和方式。这种方式不仅提升了学习的效率和效果，也对学生的个人能力的提升和全面发展起到了积极的作用。

移动学习技术在数学智慧课堂中的应用可以提供随时随地的学习支持和个性化学习体验。通过移动设备，学生可以随时访问数学学习资源和教学材料，进行个性化学习和实践探索。移动学习技术还可以结合位置服务和增强现实技术，为学生提供与实际场景结合的数学学习体验。同时，移动学习技术促进学生之间的协作和交流，提高他们的思辨能力和表达能力。因此，移动学习技术在数学智慧课堂中的应用具有重要意义，为学生提供了更加灵活、个性化和互动式的学习环境。

3.3 云计算技术在数学智慧课堂中的应用

在当今的教育环境中，数字化和网络化已经成为一种重要的趋势。随着云计算技术的快速发展和广泛应用，教育资源的共享和利用方式也正在发生深刻的变化。数学教学作为教育的重要组成部分，同样受益于云计算带来的便利和效率。云计算技术是数学智慧课堂的重要支持手段之一。通过云计算，数学教师和学生可以在任何时间、任何地点访问和共享课堂资源。教师可以将教学材料、习题和作业等上传到云端平台，学生可以通过登录平台进行在线学习和提交作业。这种灵活性和便利性使得数学教学不再受时间和空间的限制，有利于提升教学效率和学习效果。

灵活的教学资源共享和利用

云计算技术的核心是资源共享与远程访问，使得教育资源的存储、访问和分享变得更加灵活和便捷。在数学教学中，教师可以将教学材料、习题、作业等上传到云端平台，这样，学生就能在任何时间、任何地点进行在线学习，大大提升了学习的便利性和自主性。

与传统的教学方式相比，这种基于云计算的教学方式具有明显的优势。首先，它突破了地域和时间的限制，使得学生能够随时随地进行学习，不再受制于课堂的时间和空间约束。其次，教师和学生之间的互动更加频繁和便捷，教师可以及时了解和反馈学生的学习情况，学生也可以在需要的时候及时向教师提问和求助。

此外，云计算技术还为教育公平提供了可能。不同地区、不同背景的学生都可以平等地获取和使用高质量的教学资源，消除了因地域、经济等因素导致

的教育资源分配不均的问题。

个性化的学习体验

在我们的教育体系中，每个学生理应是独一无二的个体，他们有着各自的学习速度、兴趣和优势。传统的教育模式往往难以满足这些个体差异，而云计算技术的出现，为实现个性化学习提供了新的可能。

云计算技术使得教育资源可以存储在云端，学生可以随时随地通过互联网访问这些资源。在这样的环境下，每个学生都可以根据自己的学习进度和需求，自主选择学习内容和学习方式。这种个性化的学习体验，无疑可以帮助学生更好地理解和掌握数学知识，提升学习效果。

首先，云计算技术提供了极大的学习资源和教学模式的选择空间。学生可以根据自己的兴趣和需求，选择适合自己的学习资源和教学模式。比如，对于数学概念的学习，学生可以选择通过观看视频、阅读文章，或者通过互动游戏的方式进行学习。这种灵活性，使得学生可以更好地调整自己的学习节奏，提升学习效果。

其次，云计算技术能够实现对学生学习行为的追踪和分析。通过数据分析，教师可以了解学生的学习过程和学习效果，从而为学生提供更好的学习建议和教学反馈。这对于提升教学效果，提升学生的学习动力和兴趣有着极大的帮助。

此外，云计算技术还可以实现学习资源的个性化推荐。通过对学生的学习数据进行分析，云端平台可以为学生提供符合他们学习能力和学习兴趣的个性化学习资源，帮助学生更有效地进行学习。

云计算技术的应用，使得教育更加个性化和灵活，它让每个学生都可以以自己的节奏和方式学习，更好地理解和掌握知识。这对于提高教育的质量和效率，培养学生的创新能力和批判性思维能力具有重要的意义。

云计算技术为数学教学的资源共享提供了一种新的、有效的方式，这对于推动数学教学的现代化、个性化和公平化具有重要的作用。

3.4 大数据技术在数学智慧课堂中的应用

在数学教学中，大数据技术能够对学生的学习数据进行深度挖掘和分析，从而提高教学效率和质量，实现个性化教学。这种数学智慧课堂的构建，无疑将大大推动教育的现代化进程。

大数据技术在数学智慧课堂中的应用主要体现在学习数据的收集和分析上。通过收集学生的学习数据，如学习时间、学习进度、答题情况等，可以获取学生的学习情况和学习习惯。通过对这些数据的分析，教师可以了解学生的学习需求和问题，从而制订个性化的教学计划，调整教学策略。同时，大数据技术还可以帮助教师发现学生的学习模式和规律，为提供个性化的学习支持和指导提供依据。

实现对学习数据的实时收集和分析

首先，我们需要明确，大数据技术在数学智慧课堂中的主要应用之一就是收集学生的学习数据。这些数据包括学习时间、学习进度、答题情况等各种信息。例如，我们可以通过大数据技术实时追踪学生的学习时间，了解他们在学习数学时的时间分配情况，是否有合理利用时间的习惯。学习进度的数据能够让我们了解学生的学习速度，掌握知识点的程度，以及是否有遗漏的知识点。而答题情况的数据，可以反映学生的理解能力和解题能力，对于复杂问题是否能够独立思考并找到解决办法。

其次，大数据技术不仅能够收集学生的学习数据，还可以进行深度分析。在收集到大量学生的学习数据之后，教师可以利用大数据技术进行分析，了解学生的学习需求和问题。例如，通过分析学生的答题情况，教师可以了解哪些知识点学生掌握不好，哪些题型学生易错，从而制订个性化的教学计划，调整教学策略。这种有针对性的教学，能够提升教学效果，帮助学生更好地掌握数学知识。

此外，大数据技术还有助于发现学生的学习模式和规律。通过对学生学习数据的长期追踪和分析，我们可以发现学生的学习模式，如他们在什么时间段学习效果最好，对哪些题型的偏好等。这些信息对于提供个性化的学习支持和指导是非常有帮助的。例如，对于晚上学习效果好的学生，教师可以在晚上安排一些重要课程，以提高学习效率。

为教师提供制订教学计划、调整教学策略的依据

大数据技术收集和分析学生的学习数据可以帮助教师深刻了解学生的学习状况和习惯，同时为教师制订教学计划、调整教学策略提供重要依据。

首先，对于教师来说，了解学生的学习状况是制订教学计划的第一步。传统的教学模式，教师通常通过课堂观察、作业批改、考试测评等方式获取学生的学习情况，但这种方式往往局限于表面现象，无法深入了解学生的学习过程。而大数据技术的出现，使得我们可以通过学生的学习行为数据，深入了解学生在学习数学时遇到的难点和困惑，从而使得教师能够有针对性地进行教学指导。

其次，大数据技术可以帮助教师了解学生的学习习惯。通过对学生的学习时间和学习进度数据的分析，教师可以了解到学生的学习效率和学习节奏，判断学生是否有有效利用时间的习惯，是否能按计划进行学习。这一点对于教师制订教学计划，安排适宜的教学进度和难度具有重要的指导价值。

再次，大数据技术的应用可以帮助教师有效调整教学策略。根据学生的学习行为和效果数据，教师可以实时评估教学策略的有效性，发现可能存在的教学问题，比如教材的难易度是否适宜，教学方法是否有效等，然后及时对教学策略进行调整，以提升教学效果。

此外，大数据技术还可以帮助教师发现学生的潜在能力和兴趣。通过对学生答题情况的数据分析，教师可以发现学生在数学上的潜在优势和兴趣点，从而更加有针对性地激发学生的学习动力。

帮助教师发现和解决教学问题，进行教学改革和优化

首先，大数据技术通过对学生的学习数据进行深度分析，能够帮助教师发现教学过程中的问题。例如，通过对学生答题情况的数据分析，教师可以发现教学内容的难易程度是否适宜，教学方法是否有效等。这样，教师就可以及时对这些问题进行反思和改革，从而提升教学效果。

其次，大数据技术可以帮助教师进行教学优化。通过对学生学习数据的分析和研究，教师可以了解到哪些教学方式或方法对学生的学习效果有积极的影响，哪些则可能需要改进。这样的信息可以帮助教师更科学、更精确地进行教学设计和调整，以适应不同学生的学习需求和习惯。

大数据技术的应用还能帮助教师更好地进行课程设计和教学评估。通过对学生的学习数据进行分析，教师可以了解到哪些课程内容学生掌握得好，哪些内容学生掌握得差，从而对课程进行优化。同时，通过对教学效果的数据分析，教师可以了解到哪些教学方法或措施有效，哪些需要改进，从而进行教学评估和改革。

大数据技术在数学智慧课堂中的应用，可以帮助教师更好地理解学生，更科学地制订教学计划，更有效地调整教学策略，从而提升教学质量。同时，也为学生提供了更为个性化,更为精准的学习体验。大数据技术在教育领域的应用，为教师提供了一个全新的视角和工具，帮助他们发现和解决教学问题，进行教学改革和优化。但同时，我们也应该看到，大数据技术的应用也带来了一些新的挑战，如数据安全和隐私保护、数据的解析能力等。因此，在利用大数据技术改进教学的同时，我们也需要对这些挑战进行充分的理解和应对，随着技术的进步，这些问题都将得到解决。

3.5 人工智能技术在数学智慧课堂中的应用

在当今科技日新月异的时代，人工智能技术的发展正在深深地影响着我们的生活，同时也在积极地改变着教育领域的面貌。人工智能技术在数学智慧课堂中的应用可以提供更加智能化和个性化的学习支持。通过人工智能技术，教师可以开发智能教学助手，为学生提供个性化的学习推荐和解题指导。通过分析学生的学习数据和行为，人工智能系统可以了解学生的学习需求和问题，并为其提供相应的学习资料和策略。同时，人工智能技术还可以模拟教师的判定过程，为学生的作业批改提供快速和准确的反馈。

智能辅助教学

人工智能技术可以辅助教师进行教学管理、答疑、评估等工作，提高教学质量和效率。

对于教学管理，传统的方式需要教师投入大量的时间和精力去处理琐碎的事务，而这些工作并不能直接提高教学的质量。然而，人工智能技术可以通过自动化处理这些工作，帮助教师节省时间，让他们可以更加专注于教学内容的设计和改进。例如，教师可以使用人工智能系统来自动记录学生的出勤情况，管理学生的作业提交和批改，以及监控学生的学习进度等。

对于教学答疑，人工智能技术可以提供24小时的在线答疑服务，无论学生何时何地遇到问题，都可以得到及时的帮助。例如，通过自然语言处理和机器学习等技术，人工智能系统可以理解学生的问题，提供准确的答案，甚至引导学生通过自我探索找到答案。

对于教学评估，人工智能技术可以提供更加客观和准确的评估结果。传统的评估方式往往依赖于教师的主观判断，而这往往会受到教师个人偏好和情绪的影响。然而，人工智能系统可以通过分析学生的学习数据，如学习时间、完成任务的速度、答题正确率等，为每一个学生提供个性化的评估报告。这不仅可以帮助教师更好地了解学生的学习情况，也可以帮助学生了解自己的学习状态，从而调整学习策略。

智能学习分析

人工智能技术可以对学生的学习数据进行分析和挖掘，帮助教师了解学生的学习需求和问题，进而制订更个性化的教学计划，调整策略。同时，人工智能技术还可以为学生提供学习建议和反馈，帮助学生更好地了解自己的学习状况和问题，提升学习效果。

首先，人工智能技术在学生学习数据的收集和整理上发挥着重要的作用。传统的学习数据收集方式往往需要教师花费大量的精力，且数据的准确性和完整性难以保证。然而，人工智能技术通过自动化的方式，可以实时收集学生的学习时间、学习内容、答题情况、测验成绩等多种数据，大大提高了数据收集的效率和准确性。

其次，人工智能技术对学习数据的分析和挖掘能力强大。通过机器学习和深度学习算法，人工智能系统能够深度挖掘学生的学习模式，发现学生的学习习惯和偏好，找出学生在学习过程中可能遇到的问题和挑战。例如，人工智能可以通过分析学生的答题情况，发现学生在某一知识点的理解上存在困难；通过分析学生的学习时间，发现学生的学习效率低下等。

再者，人工智能技术的学习分析结果具有很高的应用价值。教师可以根据这些结果，制订更有针对性和个性化的教学计划。例如，对于在某一知识点上存在困难的学生，教师可以有针对性地进行辅导和讲解；对于学习效率低下的学生，教师可以制订合理的学习计划，帮助其提高学习效率。

人工智能技术在学习分析领域的应用也存在一些挑战。一方面，如何保证学生数据的安全，保护其隐私，防止数据的滥用，是需要我们密切关注的问题。另一方面，如何确保人工智能分析结果的准确性和公正性，也是我们需要解决的难题。

智能推荐学习资源

人工智能可以根据学生的学习情况和需求，为其推荐合适的学习资源，如教材、练习册、视频等。这种智能推荐的方式可以帮助学生更好地发现适合自己的学习资源和策略，从而提升学习效果。

其一，我们来看一下人工智能如何实现智能推荐学习资源。人工智能系统首先会收集和分析学生的学习数据，包括学生的学习时间、学习内容、学习成绩等。然后，人工智能系统会利用这些数据，通过机器学习和深度学习等算法，预测学生的学习需求和偏好。最后，人工智能系统会根据预测结果，为学生推荐合适的学习资源。

其二，我们来看一下智能推荐学习资源的优点。一是智能推荐可以帮助学生发现适合自己的学习资源。传统的学习资源推荐方式往往是一种“一刀切”的方式，忽视了学生的个性化需求。然而，人工智能可以根据每个学生的学习情况和需求，为其推荐个性化的学习资源。二是智能推荐可以帮助学生节省寻找学习资源的时间。学生可以将更多的时间和精力投入学习本身，从而提高学习效率。三是智能推荐可以帮助学生发现新的学习资源和策略。人工智能系统可以通过分析大量的学习数据，发现新的学习资源和策略，为学生的学习提供新的思路和方向。

然而，智能推荐学习资源也存在一些挑战和问题。如何确保推荐结果的准确性和公正性是一个重要的问题。人工智能系统可能会受到数据偏见的影响，导致推荐结果的偏差。另外，如何保证学生数据的安全，保护其隐私，防止数据的滥用，也是一个需要重视的问题。我们需要建立完善的数据安全和隐私保护机制，以保证学生数据的安全，保护其隐私。

总的来说，人工智能技术的应用正在为教师提供强大的智能辅助，帮助他们提高教学效率，优化教学质量。随着人工智能技术的进一步发展和完善，我们有理由相信，智能辅助教学将会成为未来教育的重要方向。然而，虽然人工智能技术在教学中的应用有许多优点，但也存在一些挑战和问题。例如，如何保证人工智能系统的公平性和透明性，如何保护学生的隐私，如何防止人工智能系统的滥用等，都是我们需要深入研究和解决的问题。同时，我们也需要注意到，人工智能技术并不能替代教师的角色，教师的专业知识和教育经验仍然是教育的核心。因此，我们需要在利用人工智能技术提高教学效率的同时，关注教师的专业发展和教育质量的提高。

3.6 虚拟现实技术在数学智慧课堂中的应用

虚拟现实技术在数学智慧课堂中的应用可以提供沉浸式的学习体验。通过虚拟现实技术，学生可以身临其境地体验数学概念和问题，提高他们的直观理解和几何想象能力。虚拟现实技术还可以模拟实际问题的场景和情境，让学生在虚拟环境中进行实际的探索和实验。

创造沉浸式学习环境

虚拟现实技术能够为学生创造出一种身临其境的沉浸式学习环境。在数学智慧课堂中，VR 技术能够为学生提供一个全新的学习方式，使得学习过程变得更为生动和直观。

VR 技术能够创造出一种身临其境的沉浸式学习环境。这种环境让学生有机会亲自参与和体验，而不仅仅是被动地接受知识。在数学智慧课堂中，学生可以通过虚拟现实技术看到和接触到各种立体化的数字和几何图像，使抽象的数学概念变得生动且具体。

例如，在解析几何课程中，虚拟现实技术可以让学生“走进”一个三维的坐标系，通过直观的方式理解各种几何形态的变化。在这样的沉浸式环境中，学生不再是被动的学习者，而是变成了主动的探索者，他们可以通过亲身体验来更好地理解和掌握数学概念，从而提升学习效果。

VR 技术能够将抽象的数学概念可视化，从而提高学生的理解力。

在传统的数学课堂中，许多概念都是以抽象的符号和公式来表达的，这对于许多学生来说，可能会感到难以理解。然而，利用 VR 技术，教师可以将这些抽象的概念转化为可视化的图像，让学生通过观察和操作这些图像来理解数学的概念和原理。例如，在几何学的教学中，教师可以利用 VR 技术，让学生直观地看到各种形状的三维模型，理解它们的性质和关系，将抽象的数学概念可视化。

强化学生与知识的互动

在数学智慧课堂上，VR 技术的引入使得学生的学习方式发生了根本性的变化，他们不再是被动地接受知识，而是可以通过 VR 设备主动操作和探索，与知识进行更深入的互动。

首先，VR 技术的应用使得学生可以通过直观的方式理解和掌握复杂的数学概念。例如，在学习解析几何的过程中，学生可以通过 VR 设备观察三维模型，自主调整观察角度和视角，从而对空间形状和位置关系有更深入的理解。

其次，VR 技术的互动性能够激发学生的学习兴趣和积极性。在虚拟现实环境中，学生可以通过亲手操作来探索和解决问题，这不仅能提高学生的动手能力，也能使他们在学习过程中获得成就感，从而提高学习的积极性。

再者，VR 技术还能够为学生提供一个安全的实践环境。在这个环境中，学生可以尝试各种可能的操作和解决方案，而不必担心会产生不可逆的后果。这对于培养学生的创新思维和解决问题的能力具有重要的作用。

虚拟现实技术在教育领域的应用也面临着一些挑战。如何确保虚拟现实环境的真实性和可靠性，如何评估学生在虚拟现实环境中的学习效果，如何防止学生在虚拟环境中产生不适感，都是需要进一步研究和探讨的问题。

总的来说，虚拟现实技术在数学智慧课堂中的应用，为学生与知识的互动提供了新的途径。虽然面临着一些挑战，但是其在提升学生的学习效果和兴趣，培养学生的动手能力和创新思维方面的优势是不可忽视的。

第四章　数学智慧课堂的教学资源与环境建设

数学教学资源与环境的建设在数学智慧课堂中扮演着重要的角色。信息技术支持下，教学资源的丰富与优化可以提供多样化的学习材料和工具，激发学生的学习兴趣和主动性。同时，优化的学习环境也能够创造活跃、互动的学习氛围，促进学生之间的合作与交流。

4.1 数学智慧课堂的教学资源建设

随着数字化技术的不断发展，数学教学资源也变得越来越丰富和多样化。在数学智慧课堂的教学中，教师可以通过网络获取更多的数字化教学资源，根据学生的需求和特点进行筛选和整合，为学生提供丰富、多样化的学习资源。这些资源不仅包括传统的教材和教具，还包括数字化的多媒体资源，如视频、音频、动画等，以及网络资源，如在线课程、学习网站等。

4.1.1 数学教学资源的种类和特点

数学教学资源是指用于数学教学的各种资源，包括教材、教具、多媒体资源、网络资源等。这些资源具有不同的特点和优势。

教材

教材是数学教学中最基本的教学资源之一。它包括了数学的基本概念、公式、例题等内容，是教师进行教学的基础和学生进行学习的必要材料。在智慧课堂中，教师需要根据学生的实际情况和需求，根据给定的教材，灵活运用教材中的内容，以帮助学生更好地掌握数学知识。同时，电子教材的应用也为数学教学带来了新的机会和挑战。

教师需要灵活运用教材中的内容，以满足不同学生的学习需求。教师可以根据学生的实际情况和水平，在教学中适当调整教材的内容和难度。例如，对于学习能力较强的学生，教师可以引导他们进行更深入的思考和探索，提供更高层次的问题和挑战。对于学习能力较弱的学生，教师可以提供更多的例题和练习，帮助他们巩固基础知识。同时，教师还可以通过课外拓展活动和实践案例，增加教材的实用性和趣味性，激发学生的学习兴趣和主动性。

根据学生的实际情况和需求，教师可以灵活运用教材中的内容。具体措施如下：

补充相关知识点：教师可以根据学生的实际情况和需求，补充教材中未涉及的相关知识点，以帮助学生更好地理解和掌握数学知识。

调整教学顺序：教师可以根据学生的实际情况和需求，对教材中的教学顺序进行调整。例如，对于一些较难理解的概念或公式，教师可以先进行讲解和演示，然后再让学生进行练习和巩固。

增加习题难度：教师可以根据学生的实际情况和需求，适当增加教材中习题的难度。这不仅可以帮助学生更好地掌握数学知识，还可以培养学生的探究精神和解决问题的能力。

此外，电子教材的应用为数学教学带来了新的机会和挑战。电子教材可以更好地呈现数学概念、公式和图表，通过动画、视频等多媒体形式，使学生更直观地理解和掌握知识。同时，电子教材还可以提供个性化学习的方式和智能化的学习评估工具，帮助教师更好地了解学生的学习情况和需求，进行个性化教学和辅导。然而，教师在应用电子教材时也需要注意选择合适的平台和软件，确保教学内容的准确性和有效性。同时，教师还要培养学生正确使用电子教材的能力，避免过度依赖和滥用。

教具

在信息技术支持下的数学智慧课堂中，教师可以利用各种教具来辅助教学，提供更丰富和多样化的学习体验。

传统的教具是数学教学中常用的辅助工具，包括模型、图表、实验器材等。这些教具可以帮助学生更好地理解数学概念和原理，提高他们的学习兴趣和动手能力。

首先，模型是数学教学中常用的教具之一。教师可以使用各种模型来展示数学概念的几何形状和实际应用。例如，在教授几何学的平面图形时，教师可以使用平面模型来演示不同形状的正方形、长方形和圆形，让学生通过观察和比较，理解它们的特点和性质。模型可以帮助学生更直观地理解数学概念，并激发他们的学习兴趣。

其次，图表是另一种常见的教具。教师可以使用图表来展示和比较数据，帮助学生理解统计学和概率学中的概念和原理。例如，在教授统计学的平均数和中位数时，教师可以使用柱状图或折线图来展示一组数据的变化趋势，让学生通过观察和分析，理解不同统计指标的含义和计算方法。通过观察和比较图表，学生可以更好地理解数学概念和原理，并提高他们的数据分析能力。

此外，实验器材也是数学教学中常用的教具。教师可以利用实验器材进行数学实验和探究，帮助学生亲自动手进行操作和观察。例如，在教授测量学的长度单位时，教师可以使用尺子、量杯和天平等实验器材，让学生进行实际测量和比较，理解不同单位之间的换算关系。通过实际操作和观察，学生可以更深入地理解数学概念和原理，并培养他们的实践能力和问题解决能力。

在智慧课堂中，教具的应用已经不再局限于传统的模型、图表和实验器材。利用信息技术，教师可以有创新性地设计和应用各种新型教具，提升教具的功能和效果。

动态模型。利用计算机建模技术，教师可以设计出能够动态演示的数学模型，如动态几何图形、动态函数图像等。这些模型可以帮助学生更直观地理解数学概念和原理。

互动图表。利用互动教学软件，教师可以制作出能够与学生互动的图表，如动态统计图、互动函数图像等。这些图表可以帮助学生更深入地理解数学概念和原理。

虚拟实验。利用虚拟现实技术，教师可以设计出虚拟实验环境，让学生在模拟的真实环境中进行数学实验，如模拟概率实验、模拟函数图像变化等。这些实验可以帮助学生更深入地理解数学原理和应用。

通过合理利用信息技术，教师可以创造更具有创新性和互动性的数学智慧课堂教具，提升教学效果和学生的学习成果。

多媒体资源

在信息技术支持下的数学智慧课堂中，多媒体资源是非常重要的教学辅助工具。多媒体资源以数字形式存在，包括视频、音频、动画等，具有生动、形象、交互性等特点，可以为学生提供更具吸引力和参与性的学习体验。

首先，视频资源是常见的多媒体资源之一。教师可以利用数学教学视频来展示和演示数学概念和运算方法。通过视频的形式，学生可以观看实际操作和解题过程，更直观地理解数学知识的应用。例如，在教授代数学的因式分解时，教师可以使用视频来展示具体的因式分解步骤和思路，让学生通过观看和模仿，更好地掌握因式分解的方法和技巧。

其次，音频资源也是非常有用的多媒体资源。教师可以利用音频来播放数学解题过程中的解题思路和解题方法的讲解。通过音频的形式，学生可以聆听解题过程中的思考和讲解，更好地理解数学知识的逻辑和推理。例如，在教授几何学的平行线和垂直线时，教师可以使用音频来解释平行线和垂直线的定义和性质，让学生通过听觉感知和思考，理解它们的特点和关系。

此外，动画资源是非常生动和形象的多媒体资源。教师可以利用数学动画来展示和演示数学概念和运算过程。通过动画的形式，学生可以观看数学概念和运算过程的图像化呈现，更深入地理解数学知识的本质和特点。例如，在教授统计学的概率时，教师可以使用动画来展示事件的发生和可能性的变化，让学生通过观看和思考，理解概率的计算和应用。

在智慧课堂中，教师可以通过多媒体资源来增加教学的效果和趣味性。教师可以利用多媒体资源进行多媒体演示，展示数学概念和原理的图像化呈现。教师还可以通过多媒体互动教学，引导学生进行自主学习和探究学习。例如，教师可以设计互动教学课件，让学生通过点击、拖拽和输入等操作，参与到学习过程中，积极思考和解决问题。

在信息技术支持下的数学智慧课堂中，多媒体资源是非常重要的教学辅助工具。教师可以利用视频、音频、动画等多媒体资源，帮助学生更好地理解和掌握数学知识，提升他们的学习兴趣和效果。通过合理利用多媒体资源，教师可以创造更具吸引力和参与性的数学智慧课堂，提升教学效果和学生的学习成果。

网络资源

在信息技术支持下的数学智慧课堂中，网络资源是非常重要的教学辅助工具。网络资源是指通过网络获取的各种数学教学资源，包括在线课程、学习网站等。这些资源具有开放、共享、互动性等特点，可以为学生提供更加灵活和多样化的学习方式。

首先，在线课程是常见的网络资源之一。教师可以引导学生参与在线数学课程，通过网络平台上的视频、讲义、作业等学习资源，进行远程学习和自主学习。在线课程具有开放的特点，学生可以根据自己的学习进度和兴趣，选择适合自己的课程，进行学习和探究。例如，在教授代数学的方程与不等式时，教师可以引导学生参与在线数学课程，通过观看视频讲解、完成在线作业等方式，深入理解方程与不等式的概念和运算规则。

其次，学习网站也是非常有用的网络资源。学习网站提供了丰富的数学学习资源，包括数学教学视频、习题库、学习资料等。学生可以通过搜索引擎或教师推荐，找到适合自己的学习网站，获取更多的数学知识和习题。学习网站具有共享的特点，学生可以在网站上与其他学生交流和分享学习心得，互相帮助。例如，在教授几何学的三角形时，教师可以推荐学生使用学习网站，通过观看几何学视频、做习题，巩固和扩展自己对三角形的理解。

此外，网络资源还包括数学学习社区和在线讨论平台等。学生可以通过加入数学学习社区，参与讨论和交流，与其他学生一起解决数学问题，应对挑战。在线讨论平台可以提供一个互动和合作的学习环境，学生可以在这里分享自己的思考和解题思路，获得其他学生和教师的反馈和指导。通过参与数学学习社区和在线讨论平台，学生可以扩展自己的数学视野，培养自主学习和合作学习的能力。

在智慧课堂中，教师可以引导学生合理利用网络资源，进行个性化学习和自主学习。教师可以引导学生使用搜索引擎，根据自己的学习需求和兴趣，搜索相关的数学学习资源。教师还可以推荐优质的学习网站和在线课程，帮助学生找到适合自己的学习资源。教师还可以引导学生参与数学学习社区和在线讨论平台，与其他学生和教师进行交流和合作，共同解决数学问题，应对挑战。

在信息技术支持下的数学智慧课堂中，网络资源是非常重要的教学辅助工具。教师可以引导学生利用在线课程、学习网站、数学学习社区等网络资源，促进学生的自主学习和个性化学习。通过合理利用网络资源，教师可以创造更具灵活性和多样化的学习环境，满足学生不同的学习需求和兴趣。网络资源可以为学生提供更广阔的学习空间和更丰富的学习资源，让学生能够更加自由地选择学习内容和学习方式。

在智慧课堂中，教师可以通过网络资源来组织和引导学生进行探究学习。教师可以设计任务和问题，让学生通过网络资源进行调研和研究，培养学生的调查和分析能力。例如，在教授数据统计学时，教师可以引导学生使用网络资源，搜索相关的数据和统计资料，进行数据分析和解读，培养学生的数据处理和推理能力。

此外，网络资源还可以为学生提供实时的学习反馈和评估。通过在线作业和测验等形式，学生可以及时获得自己的学习成绩和反馈，了解自己的学习进度和不足之处。教师可以根据学生的学习情况和反馈，进行个性化的辅导和指导，帮助学生克服学习困难，提升学习效果。通过网络资源的评估和反馈，教师和学生可以共同关注学生的学习进展，实现个性化学习的目标。

值得注意的是，教师在使用网络资源时需要关注资源的质量和可靠性。网络上的信息和资源种类繁多，教师需要筛选和评估，选择适合学生的优质资源。教师可以参考专业的教育网站和推荐列表，选择权威机构和专家认可的网络资源。此外，教师还可以与其他教师进行交流和分享，了解优质的网络资源和使用经验。

在信息技术支持下的数学智慧课堂中，网络资源为学生提供了更加灵活和多样化的学习方式。教师可以引导学生合理利用网络资源，进行自主学习和个性化学习。通过网络资源,学生可以获取更广阔的学习空间和更丰富的学习资源,提升学习效果和兴趣。教师需要关注网络资源的质量和可靠性，选择适合学生的优质资源,并与其他教师进行交流和分享,共同提升教学质量和学生学习成果。

4.1.2 数学智慧课堂的教学资源建设策略和方法

数学智慧课堂的教学资源建设需要遵循一定的策略和方法。以下是几个方面的建议：

根据学生需求和特点选择教学资源

在智慧课堂中，教师需要根据学生的需求和特点选择合适的教学资源。不同年级的学生在数学学习上有着不同的认知水平和学习兴趣，因此教师需要灵活运用多种教学资源，以满足学生的学习需求。

对于低年级的学生，教师可以采用生动形象的多媒体资源或网络资源来吸引学生的注意力。多媒体资源可以通过图像、动画、音频等方式呈现数学概念和知识，使学习内容更加形象化和生动化。例如，教师可以使用数学教学软件或在线课程，通过图像和动画的展示，让学生直观地理解数学概念，如加减法的运算过程、几何图形的特征等。此外，教师还可以引导学生使用互动性强的数学教育游戏或学习 App,通过游戏化的方式,提高学生对数学的兴趣和参与度。

对于高年级的学生，教师可以采用更具有挑战性的教材和教具来促进学生的自主学习和探究学习。高年级学生已经具备一定的数学基础，可以通过探究和解决问题的方式深入学习数学知识。教师可以引导学生使用数学教育平台，通过在线课程、学习网站等渠道获取更多的数学知识和学习资源。教师还可以组织学生进行课外项目研究，让学生自主选择感兴趣的数学课题，并通过调研、实验等方式进行学习和探究。此外，教师还可以引导学生使用数学建模工具，通过建立数学模型解决实际问题，培养学生的问题解决和创新能力。

除了多媒体资源和网络资源，教师还可以选择其他教学资源来增加学生的学习效果。多样化、不同类型的教学资源，可以满足学生的多样化学习需求。例如，教师可以使用图表、图像、动画等多媒体资源来辅助教学，使抽象的数学概念更加具体和形象。教师还可以引入实际生活中的案例，让学生将数学知识与实际问题联系起来，提高学习的实用性和应用性。此外，教师可以使用教学实验器材，通过实际操作和观察，让学生更直观地理解数学概念和原理。教师还可以引导学生使用教学工具，如计算器、几何工具等，辅助学生进行数学计算和几何作图。教师还可以与学生一起参观数学展览、科学馆等，开展实地学习和体验活动，激发学生对数学的兴趣和好奇心。

在选择教学资源时，教师可以选择一些与学生兴趣相关的教学资源，来激发他们的学习热情。例如，对于喜欢游戏的学生，教师可以选择一些数学游戏来教授数学知识；对于喜欢音乐的学生，教师可以选择一些与音乐相关的数学教学资源，如音乐节拍与数学节奏的关系等。通过与学生的兴趣结合，教师可以增加学生对数学学习的积极性和主动性。

在选择教学资源时，教师还需要注意资源的质量和适用性。教师可以参考教学研究和教育机构的推荐，选择经过专业认可和评估的教学资源。此外，教师还可以在选择教学资源前先进行试用和评估，确保资源的适用性和有效性。教师还可以与其他教师进行交流和分享，了解他们在教学中使用的好的教学资源和经验。此外，教师还需要根据学生的学习特点和需求，选择适合他们的教学资源，以提升学生的学习效果和兴趣。

教师需要根据学生的需求和特点选择合适的教学资源。通过选择适应学生认知水平、引发学生兴趣、多样化的教学资源以及关注教学资源的质量和可靠性，教师可以提升教学的效果和学生的学习兴趣。在数学智慧课堂中，合理选择教学资源是教师创设良好学习环境、促进学生全面发展的重要一步。

建立教学资源库

教师可以通过建立教学资源库来方便自己的教学工作。教学资源库可以包括各种教材、教具、多媒体资源和网络资源等。教师可以随时更新和扩充教学资源库，以满足不断变化的教学需求。建立教学资源库有助于提升教师的教学效果和教学质量，增加学生的学习兴趣和学习成果。

首先，建立教学资源库可以帮助教师更好地准备教学内容。教师可以将自己收集到的教学资源整理归类，方便日后查找和使用。教师可以根据教学目标和学生的学习需求,选择合适的教材和教具,以及丰富的多媒体资源和网络资源。教师可以将收集到的教学资源整理成文件夹、电子文档或在线平台，方便自己随时查找和使用，提高教学准备的效率和质量。

其次，教师可以通过教学资源库更好地开展个性化教学。每个学生都有自己的学习特点和学习需求，教师可以根据学生的差异性选择合适的教学资源。教师可以根据学生的学习水平、学习风格和学习兴趣，选择适合他们的教材和教具。教师还可以针对学生的学习困难和问题，提供相应的辅助教学资源，帮助学生克服困难，提升学习效果。通过个性化教学资源的选择和使用，教师可以更好地满足学生的学习需求，提高学生的学习动力和学习成绩。

再次，教学资源库可以促进教师的专业发展和教学创新。教育领域的发展和变革是不断的，教师需要不断更新自己的教学理念和教学方法。通过建立教学资源库，教师可以积累和分享各种教学资源，从而丰富自己的教学经验，提升教学技能。教师可以与其他教师交流和分享教学资源，从中获取新的教学思路和教学策略。教师还可以通过教学资源库的使用，创造出新的教学模式和教学活动，提高教学的创新性和实效性。

最后，建立教学资源库可以提高教师的教学效率和教学质量。教学资源库可以帮助教师更好地组织和安排教学活动，节省教学准备的时间和精力。教师可以将教学资源库与教学计划相结合，根据学习目标和教学进度，有针对性地选择和使用教学资源。同时，教师可以通过对教学资源库的不断更新和优化，提升自己的教学质量和教学效果。

建立教学资源库对于教师的教学工作具有重要意义。教师可以通过教学资源库更好地准备教学内容，开展个性化教学，促进其专业发展和教学创新，提高教学效率和教学质量。

建立教学资源库是一个系统性的过程，需要教师按照一定的步骤和原则进行。下面是建立教学资源库的一些建议：

教师需要明确自己建立教学资源库的目的，是为了提升教学效果、开展个性化教学还是促进教师的专业发展等。同时，教师需要确定教学资源库的范围，包括教材、教具、多媒体资源、网络资源等。

教师可以从各个渠道收集教学资源，包括参考教材、教学手册、教具、多媒体资源、网络资源等。可以通过购买、借阅、下载等方式收集资源。此外，教师还可以与其他教师和专家交流和分享资源，从中获取新的教学思路和教学策略。

教师需要对收集到的教学资源进行整理和分类，便于日后查找和使用。可以根据学科、年级、教学目标等因素进行分类，或者根据不同的教学活动进行分类，如课堂教学、实验活动、小组合作等。

教师可以选择合适的媒介来创建教学资源库，如文件夹、电子文档、在线平台等。可以使用计算机软件或在线教学平台来管理和存储教学资源。需要注意的是，教学资源库应该具有良好的组织结构和易于查找的功能，方便教师随时查找和使用所需的教学资源。

教师应该定期对教学资源库进行更新和优化，删除过时的资源，增加新的资源。可以根据教学经验和反馈进行调整和改进，保持教学资源库的时效性和有效性。同时，教师还可以根据自己的专业发展和教学创新的需要，不断丰富和扩展教学资源库。

建立教学资源库需要教师明确目的和范围，收集教学资源，整理对资源进行分类，选择合适的媒介创建资源库，并进行定期的更新和优化。建立教学资源库是一个持续的过程，需要教师不断积累和分享教学资源，提升教学效果和教学质量。

数学智慧课堂的教学资源建设是数学教学的重要组成部分。通过数字化技术的不断发展，教师可以获取更多的数学教学资源，并灵活运用各种教学资源来达到最佳的教学效果。同时教师还需要根据学生的需求和特点选择合适的教学资源并建立教学资源库方便自己的教学工作和促进学生的自主学习、个性化学习。

4.2 数学智慧课堂的环境建设

数学智慧课堂的环境建设是指为了提升数学的教学效果，教师利用现代化技术手段,如智能学习系统,互动教学模式,个性化学习路径等,来优化课堂环境,使之更加适合学生学习和思考。这种环境不仅包括课堂的物理环境，如布局，设备，教学资源等，还包括教学的社会环境，如教师和学生的互动，合作学习的机会，鼓励探索和创新的氛围等。

数学智慧课堂的环境建设目标在于促进学生的主动学习，发展他们的创新思维和解决问题的能力，以及建立他们的数学素养。在这样的环境中，学生可以更好地理解和掌握数学知识，更有效地应用这些知识，而不是仅仅记住公式和规则。

但是，具体的建设方式和方法可能会因为不同的教育理念、教学目标、教学资源、学生需求等因素而有所不同。因此，建设数学智慧课堂的环境需要教师对教育理念、教学方法、技术手段等有深入的理解和掌握，同时也需要教师根据学生的反馈和学习效果进行持续的调整和改进。

4.2.1 技术环境建设

数学智慧课堂的技术环境是指利用现代化的科技手段，如人工智能、大数据、云计算等，为数学教学提供支持的环境。这种环境包括但不限于硬件设施、智能教学平台、数字化的教学资源、个性化的学习路径、智能化的评估系统等。这些技术环境可以支持教师进行数字化备课、个性化教学、智能化测评等教学活动，同时也可以帮助学生进行自主学习、协作学习和探究学习。

硬件设施

硬件设施是数学智慧课堂的基础。为了提供一个良好的学习环境，学校需要配备一系列先进的硬件设备，如智能投影仪、电子白板、平板电脑等。这些设备不仅可以清晰地呈现教学内容，还能方便学生进行自主学习和在线交流。

智能投影仪是智慧课堂中的重要设备之一。与传统投影仪相比，智能投影仪具有更多的功能和优势。例如，智能投影仪可以通过无线网络连接，实现与电脑、手机等设备的无缝对接，方便地将教学内容投影到屏幕上。此外，智能投影仪还具有自动对焦、自动梯形校正等功能，可以大大提升投影的清晰度和效果。

电子白板也是智慧课堂中的重要设备之一。它可以通过手势识别、触控操作等方式，实现教师与学生的互动和参与。电子白板可以方便地展示教学内容，并且可以实时记录学生的学习情况和反馈，方便教师进行有针对性的指导和讲解。

平板电脑在智慧课堂中也扮演着重要的角色。学生可以通过平板电脑进行自主学习和在线交流。使用平板电脑可以方便地访问各种在线学习资源，如数字化教材、多媒体资源等。此外，使用平板电脑还可以方便地进行在线测验、提交作业等操作。

除了以上提到的设备，智慧课堂还需要其他的一些硬件设备，如高性能的电脑、稳定的网络连接、高效的电源适配器等。这些设备都能够帮助学校提供一个更加稳定、可靠、高效的智慧课堂学习环境。

在数学智慧课堂的硬件设施建设中，学校需要对各种设备进行精心考量和选择。

首先，设备的可靠性和稳定性是非常重要的。教学设备在教学过程中起着至关重要的作用，如果设备频繁出现问题或者无法正常运行，将会严重影响教学的正常进行。因此，选择可靠、稳定的设备对于保证教学质量和效率是至关重要的。

另外，设备的操作必须简单。考虑到教师的操作习惯和技能水平，设备的设计应以用户友好为导向，减少复杂的操作步骤，使教师可以快速上手并有效使用。这不仅可以减少教师的工作负担，也可以避免因操作不熟练导致的错误操作和教学中断。

此外，设备的维护和更新也是需要关注的问题。学校应建立一套完善的设备维护和更新系统，定期对设备进行检查和维修，及时发现并解决设备问题，保证设备的正常运行。同时，随着科技的快速发展，新的教学设备和技术不断出现，学校也需要定期更新设备，以适应教学的发展需求。

总的来说，数学智慧课堂的硬件设施建设需要考虑到设备的可靠性、稳定性、易用性和维护更新等因素，以满足长时间的教学需求，提高教学效率，保证教学质量。

智能教学平台

智能教学平台是数学智慧课堂的技术核心，它集成了数字化备课、个性化教学、智能化测评等功能，为教师提供了一个全面、便捷的教学工具。在数学智慧课堂的技术环境建设中，智能教学平台无疑是一个关键的元素。这个平台充分利用了大数据、人工智能和云计算等前沿科技，为教师提供了数字化备课、个性化教学和智能化测评等功能，大大提高了教学效率和质量。

备课方面，智能教学平台可以帮助教师制作数字化教案，将传统的纸质教材转化为数字化资源，方便教师随时随地备课和调整教学内容。同时，平台还可以提供各种工具和模板，让教师能够更加便捷地制作出丰富多彩的课件。数字化备课可以让教师更好地管理和组织教学资源，节省教师的时间和精力。

在个性化教学方面，智能教学平台可以通过分析学生的学习情况、兴趣爱好等数据，为每个学生提供个性化的学习建议和指导，让每一位学生都能得到适合自己的教学内容和方式，从而提升学习效果。例如，平台可以根据学生的学习进度和反馈，自动推送适合学生学习水平的练习题和拓展资源，帮助学生更好地掌握知识。

在智能化测评方面，智能教学平台可以完成自动批改作业、测试等学习任务，并生成学生的学习报告和反馈。这不仅可以帮助教师更加高效地评估学生的学习成果，还可以帮助教师及时发现学生的学习问题和需求，为后续的教学提供参考。

除了以上功能，智能教学平台还可以方便地整合各种教学资源和学习工具，为学生提供更加全面和灵活的学习支持。例如，平台可以连接在线课程、数字化图书馆、实验模拟器等资源，让学生能够随时随地获取所需的学习资源和服务。

此外，智能教学平台还能深度挖掘学生的学习行为数据，为教师提供精准的教学建议。通过对学生的学习轨迹和答题情况的分析，教师可以了解到学生的兴趣、水平和学习需求，从而制订出更具针对性的教学计划。

建设智能教学平台非常重要，然而，智能教学平台的建设并非易事，它需要考虑到许多因素。

平台架构和功能要符合实际教学需求。在建设智能教学平台时，首先要明确平台的功能和定位，要考虑到实际教学需求和学生的特点，确保平台的功能和架构符合实际需求。同时，要注重平台的稳定性和安全性，保证平台的正常运行和数据的安全存储。

平台要具备智能化和个性化特点。智能教学平台要具备智能化和个性化特点，能够根据学生的学习情况、兴趣爱好等因素，提供个性化的学习建议和指导。在设计智能教学平台时，要利用大数据和人工智能等技术。智能教学平台要能为学生提供全面的学习评估和反馈，帮助教师更好地指导学生，以提供更精准的个性化学习资源和服务。

平台要注重用户体验和交互性。智能教学平台要注重用户体验和交互性，用户友好性是建设智能教学平台的首要考虑因素。平台应该设计得易于使用，无论对于教师还是学生来说，要能够方便地使用各种设备和浏览器进行访问，同时要具备简单易用的界面和操作方式，以便教师和学生可以轻松地找到他们需要的信息和功能。此外，要注重与学生的互动和学生的参与，鼓励学生参与课堂讨论、协作学习和在线交流等活动。

平台的兼容性也非常重要。平台需要与各种设备和操作系统兼容，包括台式机、笔记本电脑、平板电脑和智能手机，以及 Windows、Mac OS、Android 和 iOS 等操作系统。这样可以确保所有用户都能够方便地访问和使用平台。

平台要具备优质的数字资源和学习工具。智能教学平台要具备优质的数字资源和学习工具，包括各种在线课程、数字化教材、实验模拟器等，以便学生能够随时随地获取所需的学习资源和服务。同时，要注重资源的更新和优化，保持与实际教学需求的同步。

平台要注重数据安全和隐私保护。智能教学平台要注重数据安全和隐私保护，要建立完善的数据安全保障机制和隐私保护措施，确保学生的学习数据和个人信息不被泄露和滥用。这包括数据加密、防火墙、权限管理等安全技术。同时，要遵守相关的法律法规和规定，保证平台的合法合规运营。

在实际运行过程中，平台需要有可靠的技术支持服务，以解决用户在使用过程中可能遇到的问题。这可以包括在线帮助中心、电话支持、电子邮件支持等。平台的持续更新和优化也是必不可少的。技术和教育需求都在不断变化，因此平台需要定期更新和优化，以适应这些变化。这包括添加新功能、优化用户体验、更新学习资源等。

建设智能教学平台是一项重大的工程，需要综合考虑许多因素。只有做到这些，才能建设出真正满足教育教学需求、符合法规要求、用户友好、安全可靠的智能教学平台，为数学智慧课堂的建设提供技术支撑。

4.2.2 资源环境建设

数学智慧课堂的资源环境包括各种数字化教材、多媒体资源、网络课程等。这些资源不仅可以为学生提供丰富的学习材料，还可以为教师提供教学辅助和支持。

在资源建设过程中，应注重多元化教材的开发，充分利用多媒体资源，如视频、音频、图像等，将抽象的数学知识变得生动形象，便于学生理解和掌握。此外，还应积极开发网络课程，为学生提供在线学习的机会和资源。

资源环境建设的关键在于，如何将这些资源进行有效整合，形成一个完整的、统一的、互相支持的学习环境。

对于数字化教材，我们需要将传统的纸质教材转化为数字格式，并加入互动和多媒体元素，使学生可以在电脑、平板和手机等设备上阅读和学习。这种教材不仅可以随时随地学习，而且可以通过动画、音频和视频等方式，让学生更直观地理解和掌握知识。

对于多媒体资源，我们需要充分利用现代信息技术，如动画、音视频等，将抽象的数学知识具象化，以吸引学生的注意力，激发他们的学习兴趣。这些资源可以是教师自己制作的，也可以是从网络上搜集的，关键是要能够与教学内容紧密结合，提升教学效果。

对于网络课程，我们需要可以结合国家中小学智慧教育平台（https://basic.smartedu.cn/）提供的优质课程，设计和开发适合学生自主学习的在线课程。这些课程可以是完整的数学课程，也可以是针对特定知识点的微课程，关键是要能够提供个性化的学习路径和资源，满足学生的个性化学习需求。

在资源环境建设过程中，我们还需要设计和开发一些教学工具和应用，如在线测试系统、学习管理系统、学习分析系统等，以支持教师的教学管理和学生的学习进度跟踪。

在资源环境建设时，需要注意资源的质量，无论是教材、多媒体资源还是网络课程，都应保证其内容的准确性、适用性和可读性。首先，具有准确性是资源质量的核心要求。学习资源的内容应该准确反映学科知识和理论，避免出现错误或模糊的信息。同时，资源的内容也应该准确反映教学目标和教学大纲的要求，帮助学生更好地掌握学科知识。其次，具有适用性是资源环境建设的重要考虑因素。学习资源应该根据学生的需求和学习特点进行设计和开发，以适应不同层次和类型的学生。同时，资源的内容应该与实际应用和解决问题相结合，增强学生的实践能力和解决问题的能力。最后，可读性是学习资源的重要属性。资源的内容应该简洁明了、易于理解，方便学生阅读和使用。同时，资源的格式和排版应该符合学生的阅读习惯和要求，以提升学生的学习效率和效果。

为了确保资源的质量，学校可以采取以下措施：

建立完善的资源审查机制：学校可以制定相应的审查标准和流程，对学习资源进行审查和筛选，确保资源的准确性、适用性和可读性。

保证资源的多样性和丰富性：资源环境建设应该提供多样化的学习资源，包括文字教材、多媒体资料、网络课程、实验设备等，以满足不同学生的学习需求和兴趣爱好。同时，这些资源应该是丰富的，能够涵盖学科的主要知识点和学习内容。

资源的整合和共享：在资源环境建设时，应该注重资源的整合和共享。学校可以与企业、科研机构等合作，共同开发优质的学习资源，实现资源的共享和互利共赢。

注重资源的更新和维护：学校应该定期更新和维护学习资源，以适应学科发展和学生学习需求的变化。要定期对资源进行评估和更新，确保资源的及时性和有效性。

建立资源评价和反馈机制：在学习资源的使用过程中，应该建立完善的评价和反馈机制，及时收集学生的反馈意见和建议，对资源进行评估和改进，以提升学习效果。

加强教师培训和支持：学校可以加强教师的培训和支持，提高教师对学习资源的认识和使用能力，为学生的学习提供更好的支持和服务。

除此之外，还要注意资源的获取和使用应该方便快捷，可以通过校园网、移动设备等途径获取，同时也可以通过在线学习平台、数字化图书馆等途径使用资源。

在资源环境建设时，应该注重资源的准确性、适用性和可读性，以确保学习资源的有效性和高效性。同时，学校也应该采取相应的措施，建立完善的审查机制、更新和维护机制、评价和反馈机制以及教师培训和支持机制等，以提升学习效果和服务质量。

4.2.3 社交环境建设

数学智慧课堂的社交环境包括在线交流平台、合作学习小组等。这些社交环境可以帮助学生之间进行交流和合作，同时也可以为教师提供课堂管理和指导学生的便利。通过在线交流平台，学生可以随时与同学和教师进行沟通，分享学习心得和问题解决的方法。合作学习小组可以促使学生相互帮助、共同进步，培养他们的团队协作能力和沟通能力。

社交环境建设主要包括以下几个方面：

创建在线交流平台

建立一个方便快捷的在线交流平台，让学生能够在任何时间、任何地点进行交流和讨论。这个平台可以是论坛、即时聊天工具，或者是专门的学习社区等。重要的是要确保平台的实时性和互动性，使学生能够及时地得到反馈和帮助。创建在线交流平台时，有几个关键的考虑因素：

用户体验。平台应该简单易用，让学生能够毫不费力地进行交流和讨论。同时，也要考虑到各种设备的兼容性，以便学生可以在手机、电脑或平板电脑上都能方便地使用。

实时性。平台应该支持实时交流，让学生能够即时地与其他人进行互动。这需要平台有强大的技术支持，确保消息的即时传递和显示。

安全性和隐私。学生的安全和隐私是非常重要的。平台应该有严格的安全措施，保护学生的个人信息不被泄露。同时，也应该让学生有足够的控制权，让他们可以选择何时和如何进行交流。

社区管理。为了确保平台的正常运行，需要有一套有效的社区管理机制。例如，可以设立社区规则，规定学生的行为准则；也可以设立版主或管理员，负责处理社区的问题和纠纷。

互动功能。为了增加平台的互动性，可以添加一些特色功能，如投票、问答、分享等。这些功能可以激发学生的参与热情，使他们更愿意在平台上进行交流和讨论。

组织合作学习小组

鼓励学生形成学习小组，进行合作学习。这不仅能够增强学生之间的交流和互动，也有助于提高学生的团队合作能力和问题解决能力。在组织学习小组时，可以考虑学生的学习水平、兴趣爱好和个性特点，以实现最佳的学习效果。

组织合作学习小组时，有一些具体的步骤和建议：

设定目标。每个学习小组都应该有明确的学习目标或任务，这可以使小组成员有共同的目标和动力。

分组策略。在组成学习小组时，可以根据学生的学习水平、兴趣爱好和个性特点进行分组。也可以进行跨年级或跨学科的分组，以促进学生之间的互相学习和交流。

角色分配。在小组中，每个成员都应该有明确的角色和职责，比如组长、记录员、报告人等。这样不仅可以让每个人都参与到小组活动中来，也能让他们学习到不同的技能和经验。

提供支持。教师应该提供必要的支持和指导，帮助学生解决学习中遇到的问题。同时，也可以定期对小组的工作进行反馈和评价，帮助他们改进和提高。

评估和反馈。每个小组完成学习任务后，都应该进行自我评估和反馈。这可以通过小组讨论、展示或报告等形式进行。同时，教师也应该给予他们及时和有效的反馈，帮助他们认识到自己的优点和不足，进一步改进学习方法和策略。

通过以上的方法，合作学习小组可以帮助学生提高团队合作能力，增强交流和互动，同时也能提高他们的问题解决能力和创新思维能力。

提供教师支持

社交环境建设中的教师支持主要指教师在创建和维护一个积极、安全、包容和互动的学习环境中所提供的各种支持。这包括制定和执行社区规则，监控学生行为，提供及时反馈，促进学生之间的互动，提供技术和心理支持，以及培训学生社交技巧等。

社区规则的制定和执行：教师需要建立一套行为规范，明确在社交环境中什么是可接受的行为，什么是不可接受的行为。教师还需要监控并确保学生遵守这些社交规则。如发现不适当的行为，需要及时进行指导和纠正。

提供反馈：教师需要对学生的社交行为和互动给予及时和有效的反馈，以帮助他们了解自己的社交技巧和行为是否得当，表扬他们的优点，指出他们需要改进的地方，帮助他们提高社交技巧。

促进学生互动：教师可以通过设计各种互动活动，如小组讨论、项目合作等，来鼓励学生之间的交流、互动和合作。

提供技术和心理支持：教师需要确保学生能够有效地使用社交工具，同时也要注意学生的心理状态，对于一些在社交环境中遇到困扰的学生，需要为他们提供相应的支持和帮助，帮助他们解决问题，增强他们的自信。

培训学生社交技巧：教师应确保所有学生都能熟练使用所需的技术工具，

如社交媒体平台，学习管理系统等，如有需要，可以提供技术培训。教师还可以通过教学和实践，帮助学生提高他们的社交技巧，如沟通技巧，解决冲突的方法，团队合作能力等。

建立信任：教师需要通过自身的言行，来建立与学生的信任关系，让学生感到在社交环境中，他们的声音会被听到，他们的需求会被关注。

通过以上的支持，教师可以建立一个有益的社交环境，帮助学生在安全、积极的社交环境中学习和成长。

建立评价机制

社交环境中的设置合理的评价机制指的是在学习社区或平台中，建立一套公正、有效的评价系统，以衡量和激励学生的社交行为和参与度。这种机制可以帮助教师更好地了解学生的参与情况，同时也可以鼓励学生积极参与社交活动。

积分制度：这种机制将学生的社交行为转化为具体的积分，例如参与讨论、提出问题、分享资源等。学生可以通过积累积分获取奖励或者认可，从而激励他们更积极地参与社交活动。

等级制度：等级制度通常基于积分制度，将积分分为不同的等级，每个等级都有相应的奖励或者特权。这种机制可以让学生看到自己的进步，激发他们的积极性。

徽章制度：徽章制度是一种图形化的奖励方式，对于达到某个成就或者完成某个任务的学生，可以颁发特定的徽章。这种机制可以让学生看到自己的努力得到了认可，也可以激励其他学生努力。

反馈机制：反馈机制是一种直接的评价方式，教师和其他学生可以给予学生正面或者负面的反馈。这种方式可以让学生知道自己的长处和短处，帮助他们改进不足。

自我评价：自我评价可以让学生反思自己的社交行为，找出自己需要改进的地方。这种方式可以促使学生更深入地参与到社交活动中，提升他们的社交技能。

以上这些评价机制都是为了创建一个积极、健康的社交环境，提高学生的社交技能和参与度。

总的来说，社交环境的建设需要综合考虑各种因素，旨在创建一个开放、互动、安全的学习社区，促进学生的交流和合作，提升他们的学习效果和体验。

4.2.4 教学环境建设

数学智慧课堂的教学环境实际上是一个综合了现代信息技术、教育理念和教学方法的全新教学模式。它以数字化教室为依托，采用互动式教学和项目式学习等方式，旨在创造一个富有活力、自主的学习空间，提升学生的学习兴趣和能力，同时为教师提供更加高效、创新的教学方式。

数学智慧课堂的教学环境可以为学生提供更加灵活、自主的学习空间，同时也可以为教师提供更加高效、创新的教学方式。互动式教学可以增强师生之间的互动，提高学生的学习兴趣和参与度。项目式学习可以让学生通过实际操作和实践，深入理解和掌握数学知识。数字化教室可以为师生提供丰富的学习资源和便捷的互动交流渠道。

数学智慧课堂的教学环境应注重创新教学方式和学习体验。教师应当利用互动式教学、项目式学习等方式，引导学生积极参与课堂活动，自主探究数学知识。

数学智慧课堂的教学环境建设主要包括以下几个方面：

数字化教室的建设。这是数学智慧课堂的基础设施，需要安装诸如互动式白板、投影仪、电脑等教学设备，并配备相关的教学软件和学习资源，以支持教学和学习活动的进行。数字化教室无疑是数学智慧课堂的核心。基于现代信息技术的数字化教室，为学生提供了丰富的学习资源和便捷的互动交流渠道。通过网络和数字化设备，学生可以随时获取数学学习的各种资料，包括教科书、习题库、辅导视频等。同时，数字化教室也为师生提供了一个实时互动的平台，使得数学教学变得更加灵活和生动。

互动式教学的实施。互动式教学是数学智慧课堂的重要组成部分。相比传统的教师讲解、学生听讲的模式，互动式教学强调师生之间的双向交流和互动。通过提问、讨论、游戏等多种方式，教师可以激发学生的学习兴趣，提高他们的参与度，使得数学学习变得更加有趣和高效。

项目式学习的推广。项目式学习是数学智慧课堂的重要教学策略。项目式学习强调学生的动手实践和积极探索。通过设计一系列与实际生活紧密联系的数学项目，学生可以在实际操作和实践中深入理解和掌握数学知识，从而提高他们的数学素养和创新能力。

在建设过程中，需要注意以下几点：

在选择和应用技术时，需要考虑其适用性、稳定性和易用性，以确保技术能够真正支持教学和学习。

教师是数学智慧课堂的关键角色，需要通过专业的培训和发展，提升教师的数字化教学能力和技能。

教师要鼓励学生积极参与到智慧课堂的建设和使用中来，并通过收集和分析学生的反馈，持续优化和改进我们的教学环境。

总体来说，数学智慧课堂的教学环境建设是一个系统性的工程，需要我们在技术、教学和学生等多个方面进行综合的考虑和部署。只有这样，我们才能真正建设出一个能够满足学生学习需要、支持教师教学创新的数学智慧课堂。

4.2.5 管理环境建设

数学智慧课堂的管理环境主要指通过数字化工具和平台进行教学管理，包括课程安排、学生管理、教学资源管理、教学效果评估等。这种环境可以帮助教师提高教学效率,实现个性化教学,同时也可以帮助学生更好地进行自主学习。

数学智慧课堂的管理环境建设主要包括以下几个步骤：

构建数字化教学管理平台。教师可以使用在线教学平台进行教学管理，如布置作业、发布通知、记录学生出勤情况等。这些平台通常具有用户友好的界面和丰富的功能，可以极大地提高教学管理的效率。

利用数据分析工具进行教学评估。教师可以通过收集和分析学生的学习数据，了解学生的学习情况和进度，从而对教学效果进行评估和反馈。

提供个性化的学习管理。教师可以根据每个学生的学习情况和需求，提供个性化的学习计划和指导，帮助学生更好地进行自主学习。

建立良好的课堂文化。教师需要营造一种开放、包容、积极的课堂氛围，鼓励学生积极参与，表达自己的观点，自主学习。

在管理环境的建设中，教师需要注意以下几点：

教师可以利用学生管理系统和教学评估系统等工具，提升管理的效率和效果。虽然数字化工具和平台可以提高教学管理的效率，但是教师也需要注意，技术只是工具，不能替代教师的角色。应避免过度依赖技术。

每个学生都是独一无二的，教师需要尊重学生的个性和差异，理解他们的需求和困惑，提供个性化的指导和支持。在收集和分析学生数据时，教师需要保护学生的隐私，遵守相关的法律和道德规定。在提供个性化学习管理时，教师需要关注学生的学习体验，尽可能满足学生的学习需求。

教师需要创建一种开放、包容、积极的课堂氛围，鼓励学生积极参与，表达自己的观点，自主学习。

此外，在课堂活动中，教师应该尽可能保证每个学生都有平等的参与机会和表达意见的机会。在评价学生的学习成果时，教师应该采用公正、客观的标准，避免任何形式的偏见和歧视。

数学智慧课堂的管理环境还应注重教师与学生的沟通。教师应该积极与学生交流，了解他们的学习需求和困惑，给予及时的帮助和反馈。同时，教师也应该鼓励学生之间的相互交流和合作，建立良好的学习氛围。

数学智慧课堂的环境建设需要从技术环境、资源环境、社交环境、教学环境和管理环境等多个方面进行考虑和实施。通过构建多元化的教学环境，可以有效地提高数学教学的效率和质量，同时也可以更好地满足学生的学习需求和发展需要。

第五章　数学智慧课堂的典型教学模式

在建立了数学智慧课堂的教学资源和环境之后，我们需要设计并实施配套的教学模式，以更好地引导学生利用这些资源，提高学习效率，激发学生的学习兴趣，从而达到更好的教学效果。这些教学模式需要灵活有效地利用智慧课堂的特性，例如互动性、自适应性和数据驱动性，创造出更有利于学生主动学习、深度学习和个性化学习的环境。这不仅要求教师具有熟练的信息技术应用能力，还需要他们具有创新的教学理念和策略，能够根据学生的学习需求和特点，以及课程的教学目标，灵活选择和设计适合的教学模式。

5.1 反转课堂模式

反转课堂模式，又称为翻转课堂，是一种新型的教学模式。在这种模式中，学生在课外通过教师预先准备的视频课程、电子教材等资源，自主完成学习新知识的过程；而在课堂上，学生通过讨论、问答、实验等形式，进行深度学习和实践应用，教师则从传统的教授者角色转变为学习的引导者和协调者。这种模式颠覆了传统的教学模式，使课堂从教师讲授知识转变为学生主动探索和实践的场所，有助于提高学生的学习积极性、参与度以及思考和解决问题的能力。

5.1.1 反转课堂的理念与特征

反转课堂的理念主要源自于对传统教学模式的反思和改革。在传统的教学模式中，教师在课堂上讲授数学知识，学生在课下通过作业加以练习和巩固。然而，这种模式往往忽视了学生的主动性和创新性，不能满足不同学生的学习需求和兴趣。反转课堂模式中，学生在课前通过教师提供的在线资源自主学习新的数学知识，而在课堂上，他们将这些知识应用于解决实际问题，进行深度学习。

反转课堂模式的主要特点是将教师的讲授时间从课堂中移出，让课堂时间主要用于学生的互动和实践。这种模式改变了传统的教学模式，使课堂教学更加注重学生的主动参与和深度学习，有助于提升教学效果，培养学生的自主学习能力和创新能力。

接下来，我们来探讨数学智慧课堂中反转课堂的主要特征。

以学生为中心：反转课堂强调学生的主导地位，鼓励他们在课前通过网络资源自主学习新的数学知识，课堂上主要进行深度学习和实践应用，从而提高他们的学习积极性和自主性。

深度学习：数学反转课堂强调理解和应用数学知识，而不仅仅是记忆和重复。通过讨论、解决实际问题等方式，让学生深入理解和应用数学知识，提高他们的思考和解决问题的能力。

教师引导：在数学反转课堂中，教师的角色从传统的讲授者转变为学习的引导者和协调者。他们通过提问题、引导讨论等方式，帮助学生理解和应用数学知识，解决问题。

技术支持：数学反转课堂利用信息技术，如在线学习平台、录播视频等，支持学生的自主学习和课堂互动。这样，可以突破时间和空间的限制，让学生按照自己的节奏和方式学习。

个性化学习：数学反转课堂强调根据学生的学习进度和需求，提供个性化的学习资源和路径，帮助他们更好地学习。

数学反转课堂通过改变传统的教学模式，使学生成为学习的主导者，教师成为引导者，从而提升学生的学习效果和兴趣。这种模式有助于培养学生的自主学习能力、解决问题的能力和团队合作的能力，是数学智慧课堂教学模式创新的重要趋势。

5.1.2 反转课堂的实施策略

数学智慧课堂下的反转课堂实施策略可以从以下几个方面进行：

设计和提供高质量的课前学习资源

要想成功实施反转课堂，关键在于设计和提供高质量的课前学习资源。

课前学习资源是反转课堂中的核心元素，它们为学生自我学习提供了重要的支持。这些资源可能包括教学视频、在线课程、电子教材等。对于数学教学来说，这些资源应该清晰地解释新的数学概念和方法，并辅以一些例子和练习题供学生学习和练习。

在设计课前学习资源时，教师需要关注资源的质量和适用性。首先，资源中的数学概念和方法应该讲解得清楚明了，以便学生能够自我学习和理解。其次，每个概念或方法都应该有相关的例子和练习题，这样学生可以通过实际操作来巩固和深化对数学知识的理解。

此外，课前学习资源还可以包括一些具拓展性的内容，比如相关的数学历史背景、应用实例等。这些内容不仅可以增强学生对数学的兴趣和理解，还可以帮助他们看到数学在实际生活中的应用，从而提高他们的学习动力。

在实施反转课堂前，教师需要将提前准备好的教学视频、课件、练习题等资源上传至学习平台，供学生下载学习。同时，教师还需要根据教学内容和学生实际情况，制订出相应的教学计划和目标，以确保学生能够得到有效的学习指导。

课前学习资源在反转课堂中起着至关重要的作用。只有通过设计和提供高质量的课前学习资源，才能确保反转课堂模式在数学教学中发挥出其最大的效能。

利用课堂时间进行深度学习

在课堂上，教师可以引导学生深入讨论和理解新的数学概念，解答他们在课前学习中遇到的问题，组织他们进行合作学习和实践。课堂上的互动和讨论可以促进学生对数学知识的思考和理解，提高他们的思维能力和解决问题的能力。

在反转课堂的数学教学中，课堂时间的利用策略是至关重要的。

首先，教师可以利用这个时间引导学生深入讨论和理解新的数学概念。通过组织小组讨论，或者通过问题引导的方式，教师可以帮助学生从不同的角度理解和探讨数学概念，从而深化他们的理解。

其次，课堂时间也可以被用来解答学生在课前自学过程中遇到的问题。在课前自学的过程中，学生可能会遇到一些难以解决的问题。在课堂上，教师可以解答这些问题，帮助学生克服学习难题，提升他们的学习效果。

此外，课堂时间还可以被用来组织学生进行合作学习和实践。例如，教师可以设计一些团队项目和活动，让学生通过合作解决实际问题，应用所学的数学知识。这样不仅可以提高学生的实践能力，也可以提高他们的团队合作能力。

通过课堂上的互动和讨论，教师可以促进学生对数学知识的思考和理解，提高他们的思维能力和解决问题的能力。课堂时间的有效利用是反转课堂模式成功的关键。只有做好了课堂时间的规划和管理，才能确保反转课堂模式能够在数学教学中发挥其应有的效能。

利用信息技术支持学习

在数学反转课堂中，信息技术的运用扮演着至关重要的角色。利用在线学习平台、学习管理系统等信息技术，可以有效地支持学生的自主学习和课堂互动。

教师可以利用在线学习平台为学生提供丰富的学习资源。这些资源包括教学视频、在线课程、电子教材等，可以帮助学生按照自己的节奏和方式进行学习。教师利用在线学习平台还可以根据学生的学习进度和需求，提供个性化的学习资源和支持。例如，对于进度较快的学生，可以提供更深入、更复杂的学习资源和任务；对于进度较慢的学生，可以提供更多的学习指导和帮助。这样可以满足不同学生的需求，帮助他们更好地理解和掌握数学知识。

教师利用学习管理系统可以帮助学生更好地管理自己的学习进度。通过学习管理系统，学生可以查看自己的学习计划、学习任务和学习成绩等信息，同时，教师也可以了解学生的学习情况和学习需求，以便更好地指导学生的学习和发展。

此外，教师还可以利用信息技术提供一些学习工具和应用，比如数学软件、在线实验室等。这些学习工具和应用可以帮助学生更好地理解和应用数学知识，提高他们的实践能力和创新精神。例如，数学软件可以帮助学生解决一些复杂的数学问题，在线实验室可以帮助学生进行一些实验和模拟等。

在数学反转课堂中利用信息技术支持学生学习，可以有效地提高学生的学习效率和学习质量。同时还可以促进学生的自主学习和课堂互动，增强他们的创新能力和实践能力。因此，教师应该注重利用信息技术来支持学生的学习和发展，并不断探索和完善相关理论和实践经验，以更好地适应教育发展的需要和社会对人才的需求。

提供个性化的学习支持

数学反转课堂中，教师可以根据学生的学习进度和需求，提供个性化的学习资源和支持。数学反转课堂是一种可以以个性化学习支持为核心的教学模式。它根据学生的学习进度和需求，提供定制化的学习资源和支持，旨在帮助学生更好地理解和掌握数学知识。

在数学反转课堂中，学生可以根据自己的学习进度进行学习。对于进度较快的学生，课堂可以提供更深入、更复杂的学习资源和任务，以挑战他们的智力和能力。这些资源可以包括更高级的数学概念和技巧，以及更具挑战性的问题和练习。通过面对更高难度的学习内容，这些学生可以进一步拓展自己的数学思维和解决问题的能力。

对于进度较慢的学生，数学反转课堂可以提供更多的学习指导和帮助。课堂可以提供具针对性的辅导材料和学习资源，帮助这些学生填补知识的漏洞，理解和掌握数学的基础概念。此外，数学反转课堂还可以提供一对一的学习指导和辅导，确保学生在学习过程中有问题及时得到解答。这种个性化的学习支持可以帮助学生克服困难，提升他们的学习效果和自信心。

为了实现个性化学习支持，数学反转课堂还可以采用智能化的评估和反馈系统。通过对学生的学习情况进行实时跟踪和分析，课堂可以准确地评估学生的学习进度和理解程度。根据评估结果，数学反转课堂会调整学习资源和任务的难度，提供与学生实际需求匹配的学习内容。这种个性化的推荐功能可以帮助学生更加高效地学习，避免盲目学习和重复学习的问题。

数学反转课堂通过个性化的学习支持，为学生提供了一个更有效、更有针对性的学习环境。不同学生可以根据自己的学习进度和需求，在这个课堂中找到适合自己的学习资源和任务。通过这种个性化的学习支持，学生可以更好地理解和掌握数学知识，提高自己的学习效果和学习兴趣。数学反转课堂的个性化学习支持将为学生的数学学习带来更多的成长和进步。

促进学生的互动和合作

在数学反转课堂上，教师可以通过组织小组讨论、合作解决问题等方式，促进学生之间的互动和合作，提高他们的沟通和团队协作能力。此外，还可以组织一些数学活动或竞赛，激发学生的积极性和创造力，提高他们的学习兴趣和动力。

一种常见的方式是组织小组讨论。教师可以将学生分成小组，让他们共同探讨和解决数学问题。通过小组讨论，学生可以相互交流和分享自己的思考和解决方法，从而增进对数学概念的理解和运用能力。在小组讨论过程中，学生可以相互提问、回答问题，通过合作和互动的方式，共同解决难题。

此外，数学反转课堂还可以组织合作解决问题的活动。教师可以设计一些实践性的数学问题，要求学生在小组中共同探索和解决。通过合作解决问题，学生可以相互借鉴思路和方法，促进彼此之间的学习和进步。这种合作解决问题的活动可以培养学生的团队协作能力和解决问题的能力，使他们在集体智慧中共同成长。

除了小组讨论和合作解决问题，数学反转课堂还可以组织一些数学活动或竞赛，激发学生的积极性和创造力。例如，可以组织数学拓展活动，让学生在实践中体验数学的乐趣，提高他们的学习兴趣和动力。同时，可以举办数学竞赛，让学生在竞争中展示自己的数学才华和技能，激发他们的学习热情和求知欲。

数学反转课堂通过促进学生互动和合作的学习方式，不仅能够提高学生的数学水平，还能培养他们的团队合作精神和解决问题的能力，为他们的终身学习打下坚实的基础。

评价反思和改进

教师应该定期反思和评价反转课堂的实施效果，了解学生的学习情况和反馈，根据实际情况调整和改进教学策略和方法。此外，还可以通过一些评价工具和方法来评估学生的学习成果和能力水平，以便更好地指导学生的学习和发展。

首先，教师可以通过观察和记录学生的参与和表现，了解他们对数学反转课堂的态度和反应。教师可以留意学生的积极参与程度、学习动力、合作和互动情况等方面，从而评估课堂的活跃度和学习氛围。如果发现学生参与度不高或者存在学习上的困难，教师应及时调整教学策略，提供更加个性化的学习支持和指导。

其次，教师可以借助一些评价工具和方法，对学生的学习成果和能力水平进行评估。这些评价工具包括作业、测验、项目作品、口头报告等形式。通过定期的评估，教师可以了解学生对数学知识的掌握程度、解决问题的能力、批判性思维的发展等方面的情况，从而针对学生的需求，调整教学内容和方法，以更好地支持学生的学习和发展。

最后，教师还可以利用学生的反馈意见来评价和改进数学反转课堂。教师可以通过问卷调查、小组讨论、个别面谈等形式，收集学生的意见和建议，了解他们对课堂活动、学习资源和支持的看法，从而根据反馈意见，调整教学策略，改进课堂设计，以提供更好的学习体验和学习支持。

反转课堂是一种创新型的教学模式，可以有效地提高学生的学习积极性和主动性，培养其创新能力和实践能力。在数学智慧课堂中实施反转课堂需要教师注重课前准备、课中教学、课后反馈和评价与反思等方面，以提高教学质量和效果。同时还需要不断丰富完善相关理论和实践经验，以更好地适应教育发展的需要和社会对人才的需求。

5.2 混合式学习模式

数学智慧课堂的混合式学习模式是指将传统的面授课堂教学与在线学习相

结合，通过融合不同的教学资源和技术手段，创设更加灵活和个性化的学习环境。

在数学智慧课堂的混合式学习模式中，教师可以利用在线学习平台或教育科技工具，为学生提供自主学习的资源和任务。学生可以根据自己的学习进度和需求，在线上学习和探索数学知识，通过观看教学视频、参与在线讨论、完成在线作业等方式，进一步理解和巩固数学概念。

与此同时，教师仍然扮演着重要的角色，他们在课堂上可以利用面授教学时间，及时解答学生的疑问，为学生提供针对性的指导和支持，与学生进行深入的讨论和互动。教师可以组织课堂讨论、解决问题的活动，引导学生运用数学知识解决实际问题。

数学智慧课堂的混合式学习模式还可以利用智能化的评估和反馈系统，对学生的学习情况进行实时跟踪和分析评估，从而根据学生的学习进度和理解程度，调整学习资源和任务的难度，提供个性化的学习内容和推荐。

5.2.1 混合式学习的理念与特征

数学智慧课堂的混合式学习模式基于以下理念和特征：

个性化学习。混合式学习模式允许学生根据自己的学习节奏和需求、兴趣和能力，自主选择学习路径和资源、学习内容和学习方式。这种个性化学习的方式可以帮助学生更好地发现自己的学习兴趣和潜力，提高学习动机和效果。

弹性学习。混合式学习模式允许学生根据自己的时间，开展线上学习和探索数学知识。这种弹性学习方式可以帮助学生充分利用碎片化的时间，提高学习效率。

多样化的学习资源。混合式学习模式提供了丰富多样的学习资源，包括教学视频、在线讨论、作业等。学生可以通过观看教学视频、参与在线讨论、完成在线作业等方式，进一步理解和巩固数学概念。这种多样化的学习资源可以激发学生的学习兴趣和创造力，提高学习效果。

教师的角色转变。在混合式学习模式中，教师不再仅仅是传统意义上的知识传授者，还是学习的引导者和支持者。教师可以通过面授教学时间，与学生进行深入的讨论和互动，引导学生运用数学知识解决实际问题。这种教师角色的转变可以促进学生的主动学习和探究精神。

智能化的评估和反馈。混合式学习模式可以利用智能化的评估和反馈系统，对学生的学习情况进行实时跟踪和分析评估，从而在课堂上根据学生的学习进度和理解程度,调整学习资源和任务的难度,提供个性化的学习内容和推荐。这种智能化的评估和反馈也可以帮助学生及时了解自己的学习情况。

数学智慧课堂的混合式学习模式通过个性化学习、弹性学习、多样化的学习资源、教师角色转变和智能化的评估和反馈，提供了更加灵活和个性化的学习环境。这种学习模式可以激发学生的学习兴趣和创造力，提高学习效果，促进数学学习和发展。

5.2.2 混合式学习的实施策略

实施数学智慧课堂的混合式学习模式时，可以采取以下策略：

确定学习目标。在设计混合式学习课堂时，教师需要明确学习目标，即学生应该达到的知识、技能和能力水平。学习目标应该明确、具体，并与课程标准和学生的学习需求相匹配。

选择合适的教学资源。混合式学习模式的关键是提供丰富多样的教学资源。教师可以选择合适的教学视频、在线课件、教材和其他学习资源，以支持学生的自主学习和探索。教师应该确保所选教学资源的质量和准确性。

教师引导和支持。虽然学生在混合式学习模式下具有较大的自主性，但教师仍然扮演着重要的角色。教师应该在课堂上进行引导和支持，组织讨论、解答问题，激发学生的思维和探究能力。教师还可以通过提供个性化的学习支持和指导，帮助学生克服困难和提高学习效果。

创设合适的学习环境。混合式学习需要一个合适的学习环境来支持学生的学习。教师可以利用在线学习平台或教育科技工具，组织学生开展学习活动、完成作业，以及进行学习数据的收集和分析。同时，教师还可以在面授教学时间内，创设积极、互动的学习氛围，鼓励学生合作和思考。

定期评估和反馈。教师应该定期对学生的学习进行评估，并及时提供反馈。评估包括作业、测验、项目作品等形式，通过评估结果，教师可以了解学生的学习情况和问题，及时调整教学策略和方法。同时，教师还可以借助学生的反馈意见，了解他们对课堂活动的看法。

总的来说，实施数学智慧课堂的混合式学习模式需要确立学习目标，选择合适的教学资源，教师进行引导和支持，创设合适的学习环境，并定期评估和反馈学生的学习情况。同时，教师还需要注意学术诚信的问题，确保教学资源的质量和准确性，这些策略可以帮助教师有效地实施数学智慧课堂的混合式学习，提高学生的学习效果和兴趣。

5.3 项目式学习模式

数学智慧课堂下的项目式学习模式是一种以学生为中心，以数学项目为驱动的教学方式。在这种模式下，学生通过合作、探究和实践，解决真实情境中的数学问题，实现数学知识的有效应用和综合素养的提升。

具体来说，项目式学习模式在数学智慧课堂中的应用表现为：教师根据教学目标和学生的实际情况，设计一个具有挑战性和实际意义的数学项目，引导学生通过自主学习、合作探究和实践操作等方式，完成项目的任务和目标。在项目实施过程中，学生需要运用所学数学知识，分析问题、制定方案、解决问题和总结评价，创新思维、实践能力和团队协作等能力得到提升。

数学智慧课堂为项目式学习模式提供了良好的教学环境和资源支持。通过利用智能化的教学平台和多元化的教学资源，教师可以为学生提供更加丰富、灵活的学习体验。同时，借助智慧课堂的教学互动、数据分析和即时反馈等功能，教师可以更好地了解学生的学习进度和需求，及时调整教学策略，提高教学的针对性和有效性。

在数学智慧课堂下的项目式学习模式中，学生的主体地位得到充分体现，他们可以在教师的指导下，通过自主学习、合作探究和实践操作等方式，完成具有挑战性和实际意义的数学项目。这种学习方式可以激发学生的学习兴趣和动力，培养他们的创新思维、实践能力和团队协作等能力，促进学生的全面发展。同时，项目式学习模式还可以培养学生的问题解决能力、自主学习能力、合作交流能力等，提高他们的数学素养和综合素质。

5.3.1 项目式学习的理念与特征

项目式学习是一种以学生为中心，以项目为驱动的教学方式，它注重学生的主动参与和合作学习，强调在解决实际问题的过程中，培养学生的创新思维、实践能力和综合素质。在数学智慧课堂的环境下，项目式学习具有以下理念和特征：

一是项目式学习以问题解决为核心，通过设置真实、有意义的数学问题，引导学生主动探究、合作交流，寻找解决问题的方法和途径。在解决问题的过程中，学生能够将所学的数学知识与实际生活相联系，培养解决实际问题的能力和创新思维。

二是项目式学习强调学生的主动参与和合作学习，鼓励学生发挥自己的主体作用，积极参与到项目实施的过程中。通过小组合作、讨论交流等方式，学生能够相互学习、互相启发，共同解决问题，提高团队合作和沟通能力。

三是项目式学习注重学生的实践能力和综合素质培养，通过引导学生亲身实践、动手操作，培养学生的实践能力、创新思维和解决问题的能力。同时，项目式学习还注重培养学生的自主学习能力、自我管理能力、时间管理能力等非智力因素，促进学生的全面发展。

四是数学智慧课堂为项目式学习提供了丰富的教学环境和资源支持，包括智能化的教学平台、多元化的教学资源、及时的教学反馈等。这些功能可以帮助学生更好地理解数学知识、解决实际问题，提高学习效果和综合素质。

五是项目式学习具有评价与反思机制，通过制定明确的评价标准、采用多种评价方式等方法，对学生的学习过程和学习成果进行评价。同时，学生和教师还需要对项目实施过程进行反思和总结，发现不足之处并加以改进，为今后的学习提供经验和借鉴。

总之，数学智慧课堂下的项目式学习是一种以学生为中心，以数学项目为驱动的教学方式。它以问题解决为核心，强调学生的主动参与和合作学习，注重学生的实践能力和综合素质培养，利用智慧课堂的教学环境和资源支持以及具有评价与反思机制等特征。通过实施项目式学习模式，可以有效地提高学生的学习效果和综合素质，培养他们的创新思维和实践能力，同时还可以促进教师专业素养的提升和教学质量的提高。

5.3.2 项目式学习的实施策略

数学智慧课堂下的项目式学习是一种以问题解决为核心的学习方式，通过设置真实、有意义的数学问题，引导学生主动探究、合作交流，寻找解决问题的方法和途径。项目式学习包括以下实施策略：

设计有意义的项目

项目的设计应该与学生的实际生活和兴趣相关，能够引起学生的兴趣和好奇心。项目的目标应该明确，能够激发学生的学习动机，同时具有一定的挑战性。

设计有意义的项目是项目式学习的关键。以下是对设计有意义的项目的一些建议：

选择与学生生活和兴趣相关的主题。了解学生的兴趣爱好和日常生活，选择与之相关的主题，能够引起学生的兴趣和好奇心。例如，如果学生对环境保护感兴趣，可以设计一个关于节能减排的项目。

融入实际问题。将项目与实际问题联系起来，让学生在解决问题的过程中看到数学的实际应用和意义。例如，设计一个项目，让学生计算某个地区的人口增长率，以帮助政府规划城市发展。

设定明确的项目目标。项目的目标应该明确，让学生知道他们要取得什么样的成果。目标可以是解决一个特定的数学问题、制作一个数学模型或设计一个数学游戏等。明确的目标能够激发学生的学习动机。

提供一定的挑战性。项目的设计应该具有一定的挑战性，让学生在解决问题的过程中面临一些困难和挑战。这样可以激发学生的思考和探索欲望，提高他们的问题解决能力。

个性化项目设计。了解学生的个体差异，根据学生的不同需求和能力水平设计个性化的项目。例如，对于更高水平的学生，可以设计更复杂和抽象的数学问题，对于较低水平的学生，可以设计更直观和具体的数学问题。

考虑跨学科合作。项目式学习可以与其他学科进行合作，拓展项目的广度和深度。例如，设计一个数学和科学的综合项目，让学生使用数学及科学知识解决问题。

鼓励学生发挥创造力。在项目设计中，提供一些开放性的问题，鼓励学生发挥创造力，引导学生思考和探索。这样能够培养学生的创新能力和解决问题的能力。

设计有意义的项目需要与学生的实际生活和兴趣相关，具有明确的目标和一定的挑战性。个性化的项目设计和跨学科合作可以增加项目的适应性和深度。同时，鼓励学生发挥创造力，能够培养学生的创新能力和解决问题的能力。

提供合适的指导和支持

在项目开始之前，教师应该提供一定的指导和支持，让学生了解项目的目标和要求。教师可以提供一些学习资源和工具，帮助学生开始他们的探究和解决问题的过程。以下是一些提供合适的指导和支持的策略：

在项目开始之前，教师应该明确项目的目标和要求，并向学生解释清楚。学生需要清楚地知道他们需要达到什么样的成果和标准，以便能够有一个明确的方向。

教师可以提供一些学习资源和工具，帮助学生开始他们的探究和解决问题的过程。这些资源包括教材、参考书籍、网上资料、学习视频等。工具包括计算器、数学软件、模拟工具等，帮助学生进行实际操作和探索。

教师可以提供分步指导和示范，帮助学生了解解决问题的步骤、方法和技巧。

教师可以组织学生形成小组，让他们共同解决问题。在小组讨论中，教师可以提供一些引导性的问题，促进学生的思考和交流。学生可以相互学习和借鉴，共同解决问题。

教师应该定期检查学生的进展，并给予及时的反馈。教师可以通过检查学生的解决方案、听取他们的思考和解释，以及提供建议和指导等方式，帮助学生改进和完善他们的工作。

在学生进行项目学习的过程中，可能会遇到各种问题和困难。教师应该及时解答学生的疑惑，并帮助他们解决困难。教师可以通过个别辅导、小组讨论、在线交流等方式，提供必要的支持和帮助。

提供合适的指导和支持对于项目式学习的成功实施至关重要。教师应该明确项目的目标和要求，并提供学习资源和工具。教师可以通过分步指导和示范、小组讨论和合作、定期检查和反馈，以及解答疑惑和解决困难等方式，帮助学生开始探究和解决问题的过程。

鼓励学生合作交流

项目式学习强调学生之间的合作交流。教师可以组织学生形成小组，使他们在合作中相互分享思路和解决方法，互相学习和借鉴，共同解决问题。以下是一些鼓励学生合作交流的策略：

小组合作。教师可以组织学生形成小组，让他们共同解决问题。小组合作可以促使学生相互学习和借鉴，同时也培养学生的团队合作能力和沟通技巧。

提供合作机会。教师在项目的设计中，可以设置一些合作的环节和任务，让学生在合作中互相支持和协作。例如，分配小组任务，让学生在小组内部分工合作，最后共同完成项目。

学生分享。鼓励学生分享他们的思路、解决方法和成果。教师可以组织学生进行展示或者小组讨论，让学生互相学习和借鉴，同时也提高学生的表达能力和分享能力。

提供合作工具和资源。教师可以提供一些合作工具和资源，帮助学生进行合作交流。例如，使用在线协作工具，让学生在项目中实时交流和合作；提供合作资料和参考书籍，让学生共同学习和研究。

教师引导和促进。教师在学生的合作交流中起到引导和促进的作用。教师可以提供一些引导性的问题，帮助学生进行合作交流；定期检查小组的进展，并给予及时的反馈和指导。

营造良好的合作氛围。教师可以通过鼓励学生互相尊重和支持、提供合理的奖励和激励，营造良好的合作氛围。学生在积极的合作氛围中，更愿意分享和交流，从而提高合作效果。

鼓励学生合作交流是项目式学习的重要方面。教师可以组织学生形成小组，提供合作机会和工具，促进学生分享和学习。同时，教师的引导和促进，以及良好的合作氛围，也能够提高学生的合作效果和学习成果。

提供适当的挑战和反馈

在项目开展的过程中，教师应该提供适当的挑战，让学生思考和解决更复杂的问题。同时，教师应该提供及时的反馈，引导学生思考和改进他们的解决方案。以下是一些具体策略：

教师可以在项目中设定一些挑战性的问题，要求学生运用所学的数学知识和技巧解决。这些问题可以是开放性的，能够激发学生的思维和创造力。

教师应该引导学生运用各种数学方法和策略，思考和解决问题。教师可以提供一些问题引导，启发学生进行深入的思考和探索。

教师可以提供一些具有挑战性的任务和活动，要求学生在规定的时间内完成。这样可以激发学生的积极性和动力，培养他们的解决问题的能力。

教师应该及时对学生的解决方案和思考过程进行反馈和指导。教师可以提供详细的评价和建议，帮助学生改进和完善他们的工作。

教师应该鼓励学生自主学习和思考，帮助他们发展数学思维和解题能力。教师可以提供一些启发性的问题和学习资源，引导学生进行独立思考和学习。

数学智慧课堂下的项目式学习应该提供适当的挑战和反馈。教师可以设定挑战性的问题，引导学生思考和探索。同时，教师应该提供及时的反馈和指导，帮助学生改进和完善他们的解决方案。通过这些策略，可以激发学生的学习兴趣和动力，提高他们解决问题的能力。

项目式学习鼓励学生主动思考和提问。教师应该鼓励学生提出问题，并引导他们思考问题的本质和解决方法。教师可以提供一些启发性的问题，帮助学生深入思考和探索。

结合技术工具和资源

在项目式学习中，教师可以结合技术工具和资源，提供更多的学习机会和资源支持。例如，使用数学软件和模拟工具，让学生进行实际操作和探索。以下是一些具体的策略：

教师可以引导学生使用数学软件和模拟工具，进行实际操作和探索。这些工具可以将数学问题可视化，帮助学生理解抽象的数学概念，培养他们的问题解决和探索能力。

教师可以利用在线学习平台，提供丰富的数学学习资源和活动。学生可以通过在线平台进行自主学习和合作交流，获取更多的学习资料和练习题目。

教师可以引导学生运用技术工具和资源，将数学知识应用到实际生活的问题中。例如，利用数学模型解决实际问题，使用数据分析工具进行统计和预测等。

教师可以录制教学视频或者使用教学演示工具，帮助学生理解和掌握数学概念和解题方法。学生可以灵活利用时间观看视频，反复学习和巩固知识。

教师可以借助技术工具和平台引入数学游戏和挑战，提供更加互动和娱乐的学习体验，激发学生的兴趣和动力。

结合技术工具和资源可以丰富数学智慧课堂下的项目式学习。教师可以利用数学软件和模拟工具，提供实际操作和探索的机会；利用在线平台和资源，提供更多的学习资料和活动；引导学生将数学知识应用到实际生活的问题中；利用视频和教学演示工具，帮助学生理解和掌握数学概念；引入数学游戏和挑战，激发学生的兴趣和动力。通过这些策略，可以提高学生的学习效果和学习兴趣，促进他们解决问题的能力。

引导学生总结和分享

在项目结束之后，教师应该引导学生总结学习成果，并鼓励他们分享自己的经验和解决方案。这样可以让学生交流、学习彼此的经验，同时也可以提高学生的表达能力和分享能力。以下是一些具体的策略：

学生总结。教师可以要求学生总结他们在项目中学到的知识和技能，以及他们的解决方案和思考过程。学生可以通过撰写总结报告、制作展示海报或者录制视频等方式展示学习成果。

学生分享。教师可以组织学生开展分享会或者小组讨论，让学生分享自己的经验和解决方案，互相学习和借鉴，提高自己的表达能力和分享能力。

学生评价。教师可以要求学生相互评价和反馈，给予对方建设性的意见和建议，帮助他们发现自己的不足和改进的空间，促进他们的学习和成长。

学生展示。教师可以安排学生进行项目展示，让学生向其他同学、家长或者其他教师展示他们的学习成果。这样可以提高学生的自信心和展示能力，同时也可以让其他人了解和学习他们的经验。

数学展览或比赛。教师可以组织数学展览或比赛，让学生将自己的项目作品展示给更多的人。这样可以激发学生的学习兴趣和动力，同时也能够鼓励他们努力学习和提高自己的数学智慧。

引导学生总结和分享是数学智慧课堂下项目式学习的重要一环。教师可以要求学生总结自己的学习成果和经验，分享自己的解决方案。同时，教师也可以安排学生进行展示和评价，促进学生的学习和成长。通过这些策略，可以提高学生的表达能力和分享能力，同时也能够让学生学习和借鉴彼此的经验。

总之，项目式学习是一种以问题解决为核心的学习方式，通过设计有意义的项目，提供合适的指导和支持，鼓励学生合作交流和思考，结合技术工具和资源，引导学生总结和分享，可以有效地培养学生解决问题的能力和创新思维。

5.4 自适应学习模式

数学智慧课堂的自适应学习模式是一种借助技术工具和资源，根据每个学生的学习需求和能力水平，提供个性化的学习内容和学习路径的教学模式。这种模式的目标是根据学生的学习进展和需求，自动调整学习内容和难度，以满足每个学生的学习需求和促进他们的学习成果。

在数学智慧课堂的自适应学习模式中，教师可以利用学习管理系统、学习分析软件和其他技术工具，收集和分析学生的学习数据。通过对学生的学习数据进行分析，教师可以了解每个学生的学习情况、优势和不足，并根据这些数据提供个性化的学习支持和挑战。例如，对于学习能力较强的学生，教师可以提供更高难度的问题和挑战，以推动他们进一步发展；对于学习能力较弱的学生，教师可以提供更多的辅助材料和练习，以帮助他们填补知识漏洞。

通过自适应学习模式，学生可以根据自己的学习节奏和能力水平进行学习，获得更加个性化和有效的学习体验。这种模式可以帮助学生更好地理解和掌握数学知识，提高学习效果和学习兴趣。同时，自适应学习模式也能够提高教师的教学效果和学生的学习满意度，促进教师和学生之间的互动和合作。通过自适应学习模式，数学智慧课堂可以更好地适应学生的学习特点和需求，提供个性化和有针对性的学习支持，帮助学生充分发展他们的数学智慧和解决问题的能力。

5.4.1 自适应学习的理念与特征

自适应学习是一种以学生为中心，基于学生个体差异和需求的学习方式。在数学智慧课堂的环境下，自适应学习具有以下理念和特征：

尊重学生个体差异

数学智慧课堂自适应学习模式将学生置于学习的核心，尊重学生的个体差异，包括学生的知识水平、学习能力、兴趣爱好等方面。通过了解和关注每个学生的特点和需求，教师可以为每个学生提供个性化的学习方案和资源支持，促进学生的个性化发展和学习效果的提升。

自适应学习模式充分考虑学生的知识水平。不同学生对数学知识的理解和掌握程度有所差异，存在有些学生已经掌握了一部分知识，而有些学生还需要巩固基础的情况。在自适应学习模式下，教师可以根据学生的知识水平，为他们提供相应的学习资源和活动，使每个学生都能够在适合自己的学习阶段进行学习，充分发展自己的数学能力。

自适应学习模式关注学生的学习能力。每个学生的学习能力不同，有些学生学习速度较快，而有些学生则需要更多的时间来掌握知识。自适应学习模式可以根据学生的学习进展和能力水平，自动调整学习内容和难度，以提供有针对性的学习挑战和支持。这样，每个学生都可以在适合自己学习能力的范围内进行学习，不会感到过于困难或无聊，从而提高学习效果和学习动力。

自适应学习模式也考虑学生的兴趣爱好。学生的兴趣爱好对学习的积极性和主动性有很大的影响。在自适应学习模式下，教师可以根据学生的兴趣爱好，为他们提供相关的学习资源和活动，使学习更加有趣和有意义。例如，对于对数学有浓厚兴趣的学生，可以提供一些拓展性的数学问题和挑战，激发他们的学习热情和求知欲。

数学智慧课堂自适应学习模式将学生置于学习的核心，尊重学生的个体差异，包括知识水平、学习能力和兴趣爱好等方面。通过了解和关注每个学生的特点和需求，教师可以为每个学生提供个性化的学习方案和资源支持，使得学生能够更好地参与学习，提高学习兴趣和学习动力，促进学生的个性化发展和学习效果的提升，从而取得更好的学习成果。

利用智慧课堂的数据分析和反馈功能

数学智慧课堂的数据分析和反馈功能为教师提供了更全面、准确的学生学习数据，帮助教师更好地了解学生的学习情况和需求。通过对学生的学习行为、成绩表现和兴趣爱好等方面的数据进行分析，教师可以有针对性地为每个学生提供个性化的自适应学习建议和指导，实现自适应学习的目标，促进学生的个性化发展和学习效果的提升。

通过学习行为数据的分析，教师可以全面了解学生的学习习惯和方式。例如，教师可以分析学生的学习时间、学习时长以及学习频率，从而了解学生对数学学习的投入程度和学习态度。同时，还可以分析学生的学习路径和学习轨迹，了解学生在学习过程中的困难和问题。通过这些数据，教师可以针对学生的学习行为，提供相应的自适应学习建议，帮助学生改进学习策略和学习习惯，提高学习效果。

通过成绩表现数据的分析，教师可以了解学生的学习水平，识别出学生掌握较好和较差的知识点，从而为每个学生提供个性化的学习支持和指导。对于成绩较好的学生，教师可以提供更高难度的学习任务和挑战，以推动他们进一步发展。对于成绩较差的学生，教师可以提供更多的辅助材料和练习，帮助他们巩固基础知识。通过这种个性化的学习支持，教师可以满足学生的学习需求，提高他们的学习效果和自信心。

通过兴趣爱好数据的分析，教师可以了解学生的学习兴趣和个人喜好，从而有针对性地设计学习活动和教学资源，使学习更加有趣和有意义。例如，对于对数学有浓厚兴趣的学生，教师可以提供一些拓展性的数学问题和挑战，激发他们的学习热情和求知欲。通过满足学生的兴趣爱好，教师可以提高学生的学习动力和参与度，促进他们的个性化发展和学习效果的提升。

数学智慧课堂的数据分析和反馈功能为教师提供了更全面、准确的学生学习数据，帮助教师更好地了解学生的学习情况和需求。通过对学生的学习行为、成绩表现和兴趣爱好等方面的数据进行分析，教师可以为每个学生提供个性化的自适应学习建议和指导，帮助学生更好地参与学习，提高学习效果和学习兴趣。

提供多元化的学习资源和方式

自适应学习的核心理念是为每个学生提供个性化和多元化的学习资源和方式，以满足不同学生的学习需求和兴趣。在传统的教学模式中，教师通常使用统一的教材和教学方法，无法充分满足学生的个性化需求。而自适应学习则通过提供多元化的学习资源和方式，为学生创造了更加灵活和自主的学习环境。

自适应学习提供了丰富的在线课程和电子教材。在线课程和电子教材具有灵活性和可定制性，学生可以根据自己的学习进度和兴趣，自由调整学习的节奏和内容。同时，在线课程和电子教材还可以提供丰富的学习资源和互动功能，如视频讲解、在线讨论、练习题等，帮助学生巩固知识、拓展思维。

自适应学习借助教学视频和互动练习等形式，为学生提供多样化的学习体验。教学视频可以生动地展示知识点和解题方法，让学生更加直观地理解和掌握知识。互动练习可以帮助学生在实践中巩固和应用所学知识，培养问题解决能力和思维能力。通过这些多样化的学习形式，学生可以根据自己的学习偏好和学习风格，选择适合的学习方式，提高学习效果和兴趣。

自适应学习还鼓励学生进行实验探究和项目学习。学生可以通过实验探究和项目学习，主动参与和实践所学知识，培养问题解决能力和创新精神。实验探究和项目学习可以激发学生的学习兴趣和求知欲，提高他们的学习动力和参与度。通过这种实践性的学习方式，学生可以更加深入地理解和应用所学知识，培养综合素质和实践能力。

自适应学习为学生提供多元化的学习资源和方式，包括在线课程、电子教材、教学视频、互动练习、实验探究等多种形式。学生可以根据自己的需求和兴趣选择合适的学习资源和方式，提高学习效果和兴趣。这种多元化的学习环境能够激发学生的学习热情和主动性，培养学生的综合素质和实践能力，促进他们的个性化发展和学习成长。

注重学生的自主学习和自我管理

自适应学习的一个重要目标是培养学生的自主学习和自我管理能力。在自适应学习中，学生被鼓励根据自己的学习目标和计划进行自我学习和自我管理。这种学习方式强调学生的主动性和责任感，让学生成为学习的主体，而不仅仅是被动接受知识的对象。

自主学习是指学生在学习过程中具有自我决策和自我组织的能力。通过自主学习，学生可以根据自己的学习目标和兴趣选择学习内容和学习方式，自主安排学习时间和学习进度。这样的学习方式可以激发学生的学习兴趣和学习动力，增强学生的学习自觉性和学习积极性。同时，学生在自主学习中也可以培养自我管理的能力，如时间管理、任务规划和自我评价等，这些能力对于学生的学习和生活都具有重要的意义。

然而，自主学习并不意味着完全让学生独立进行学习，教师的指导和支持仍然是必不可少的。教师在自适应学习中扮演着重要的角色，他们需要为学生提供必要的学习指导和支持，帮助学生掌握正确的学习方法和技巧。教师可以通过课堂教学、个别指导和学习反馈等方式，向学生传授学习策略和学习技巧，帮助学生提高学习效果和学习效率。同时，教师还可以根据学生的学习情况和需求，为学生提供个性化的学习建议和指导，帮助他们克服学习困难，实现个人学习目标。

在自适应学习中，教师需要与学生建立良好的沟通和合作关系，鼓励学生表达学习需求和困惑。教师可以通过定期的学习讨论和个别辅导，了解学生的学习进展和学习困难，及时提供帮助和支持。同时，教师还可以鼓励学生互相合作和交流，促进彼此之间的学习共享和学习合作，提高学习效果和学习成果。

自适应学习注重培养学生的自主学习和自我管理能力。学生在自适应学习中被鼓励根据自己的学习目标和计划进行自我学习和自我管理。教师在这个过程中起着重要的指导和支持作用，帮助学生掌握正确的学习方法和技巧。通过教师的指导和学生的自主学习，学生可以提高学习效果和学习兴趣，培养自我管理的能力和学习自觉性，实现个人学习目标和全面发展。

实现个性化学习和全面发展

自适应学习的目标之一是实现个性化学习和全面发展。每个学生都有自己的学习特点、兴趣爱好和学习需求，自适应学习通过为学生提供个性化的学习方案和多元化的学习资源和方式，能够更好地满足学生的个性化需求，帮助他们实现个人的学习目标和全面发展。

个性化学习是指根据学生的个体差异和学习需求，提供个性化的学习方案和资源。在自适应学习中，教师可以根据学生的学习情况和能力水平，为他们量身定制学习计划和学习目标，帮助他们更有针对性地进行学习。同时，自适应学习还提供了多种学习资源和方式，学生可以根据自己的兴趣和学习风格选择适合的学习资源和方式，提高学习效果和学习兴趣。

自适应学习注重培养学生的非智力因素，如自主学习能力、自我管理能力和团队协作能力等。自主学习能力是指学生主动选择学习目标、制订学习计划和管理学习进程的能力。自我管理能力是指学生合理安排学习时间、管理学习资源和评价学习效果的能力。团队协作能力是指学生与他人合作、共享资源和共同完成学习任务的能力。

在自适应学习中，学生通过自主学习和自我管理的实践，逐渐培养起自主学习和自我管理的能力。同时，通过与他人进行团队协作和合作学习，学生能够培养团队协作和沟通合作的能力。这些非智力因素对学生的未来发展具有重要意义，能够帮助他们更好地应对复杂的学习和工作环境，提高个人综合素质和竞争力。

总之，数学智慧课堂的自适应学习是一种以学生为中心，基于学生个体差异和需求的学习方式。它利用智慧课堂的数据分析和反馈功能，提供多元化的学习资源和方式，注重学生的自主学习和自我管理以及实现个性化学习和全面发展等。通过实施自适应学习模式可以有效地提高学生的学习效果和综合素质，促进教师的专业素养提升和教学质量提高，同时还可以培养学生的自主学习能力和自我管理能力，为他们的未来发展奠定基础。

5.4.2 自适应学习的实施策略

自适应学习是一种以学生为中心，基于学生个体差异和需求的学习方式。在数学智慧课堂的环境下，实施自适应学习需要采取以下策略：

制定个性化的学习目标

个性化学习目标的设定是数学智慧课堂下自适应学习的重要策略之一。教师可以通过以下几个方面来设定个性化的学习目标，以满足学生的学习需求和兴趣爱好。

首先，了解学生的学习水平。教师可以通过课堂作业、小测验或诊断测试等方式，了解学生在数学方面的掌握程度和学习进展。根据学生的学习水平，教师可以设定适合他们的学习目标。对于掌握较好的学生，可以设定更高层次的学习目标，使他们的学习更具挑战性。对于掌握较差的学生，可以设定更基础的学习目标，以帮助他们夯实基础知识。

其次，考虑学生的兴趣爱好。学生对数学的兴趣程度不同，教师可以根据学生的兴趣爱好，设定与其相关的学习目标。例如，对于喜欢几何的学生，可以设定与几何相关的学习目标，对于喜欢数学应用的学生，可以设定与实际问题相关的学习目标，以激发他们的学习热情和学习动力。

再次，根据学生的学习需求设定学习目标也是重要的。教师可以与学生进行单独交流，了解他们的学习需求和目标。根据学生的学习需求，教师可以设定具体的学习目标，帮助学生达到所期望的学习成果。例如，对于准备参加数学竞赛的学生，可以设定提高解题速度和技巧的学习目标，以帮助他们在竞赛中取得好成绩。

最后，设定可量化的学习目标。为了让学生更清晰地了解自己的学习目标，并对自己的学习进展有一个明确的认知，教师可以设定可量化的学习目标。例如，设定每周完成一定数量的练习题，某次考试，数学成绩提高 5 个百分点，或者掌握特定的数学概念等。这样的学习目标能够帮助学生更好地衡量自己的学习进展，并激发他们的学习动力。

个性化学习目标的设定是数学智慧课堂下自适应学习的重要策略。教师可以根据学生的学习水平、兴趣爱好、学习需求，设定可量化的、个性化的学习目标，以满足学生的学习需求和兴趣爱好。这样的个性化学习目标能够激发学生的学习兴趣和动力，提高他们的学习效果。

提供多元化的学习资源和方式

提供多元化的学习资源和方式在自适应学习中非常重要，因为不同的学生有不同的学习需求和兴趣，如果教师只提供单一的学习资源和方式，很难满足所有学生的需求。多元化的学习资源和方式包括：

在线课程。教师根据学生的需求和兴趣，开发一些在线课程，以供学生自主学习。在线课程包括视频讲座、互动教程、在线文本等。

电子教材。教师利用数学智慧课堂的教学环境和资源支持，为学生提供一些电子教材，以供学生在课堂上或课后自主学习。电子教材包括交互式的电子书、电子练习册等。

教学视频。教师为学生提供一些教学视频，以供学生在课堂上或课后自主学习。教学视频包括讲解数学概念、解题方法的视频等。

互动练习。教师利用数学智慧课堂的教学环境和资源支持，为学生提供一些互动练习，以供学生在课堂上或课后进行练习。互动练习包括数学问题的在线解答、互动式的数学游戏等。

实验探究。教师可以为学生提供一些实验探究的机会，以供学生通过实践来学习和探究数学问题。这些实验探究包括一些利用数学模型进行数据分析的活动、一些利用数学工具进行创新设计的活动等。

多元化的学习资源和方式可以让学生根据自己的需求和兴趣选择，从而提高学习效果和兴趣。同时，教师还需要为学生提供必要的学习指导和支持，帮助他们掌握正确的学习方法和技巧，促进他们的个性化发展和综合素质的提升。

加强实时监测和反馈

自适应学习强调对学生学习情况和个人需求的实时监测和反馈，这不仅需要教师及时了解学生的学习进展和需求，还需要对学生的学习行为、成绩表现、兴趣爱好等方面进行全面而深入的数据分析。

在数学智慧课堂的环境下，教师可以通过数据分析和反馈功能，实现对每个学生学习行为的实时监测。例如，教师可以通过智慧课堂平台收集和分析学生在课堂练习、在线测试和互动讨论等环节的行为数据，以了解学生对数学知识的掌握情况、解题思路和兴趣偏好等。

此外，数学智慧课堂还可以通过成绩分析功能，对学生的学习成绩进行跟踪和评估。教师可以通过分析学生的考试成绩和作业得分，了解学生在不同阶段的学习表现和进步情况，从而为学生提供个性化的学习建议和指导。

同时，教师还可以利用智慧课堂平台的学生学习进度跟踪功能，及时掌握学生的学习进度和需求。通过观察学生的学习行为和成绩表现，教师可以发现学生在学习中存在的问题和困难，及时调整教学策略和方法，以更好地满足学生的学习需求。

在实现自适应学习的过程中，教师还需要注重培养学生的自主学习能力和自我管理能力。通过引导学生制订学习计划、安排学习时间、管理学习进度等，教师可以帮助学生逐渐掌握自我学习的方法和技巧，提高他们的学习效果和综合素质。

通过数学智慧课堂的数据分析和反馈功能，教师可以实现对学生学习行为的实时监测、学习成绩的跟踪评估以及学习进度的掌握。在此基础上，教师可以为每个学生提供个性化的学习建议和指导，实现自适应学习的目标，促进学生的个性化发展和综合素质的提升。

注重学生的自主学习和自我管理

在自适应学习的实施过程中，学生的自主学习和自我管理能力是至关重要的。这不仅有助于提高学生的学习效果，还能够培养他们的独立思考和解决问题的能力。因此，教师需要在这方面给予足够的重视和支持。

首先，教师需要提供必要的学习指导和支持。自适应学习强调学生的主体地位，但并不意味着教师就可以完全放手。相反，教师需要更加积极地参与到学生的学习过程中，帮助他们掌握正确的学习方法和技巧。例如，教师可以为学生提供学习资源、解答疑惑、指导学习方法等，以帮助学生更好地完成学习任务。

其次，教师需要鼓励学生进行自我学习和自我管理。自适应学习要求学生根据自己的学习目标和计划进行自我学习和自我管理，这需要一定的勇气和决心。因此，教师需要给予学生足够的鼓励和支持，帮助他们建立自信心和提高自我管理能力。例如，教师可以为学生提供自我学习的方法和建议、督促学生制订学习计划、鼓励学生自我评估等。

再次，教师还可以通过组织小组讨论、协作学习等方式，培养学生的自主学习能力和自我管理能力。在小组讨论和协作学习中，学生需要独立思考、表达自己的观点、与他人合作等，这有助于提高学生的自主学习能力和自我管理能力。

总之，自适应学习需要注重学生的自主学习和自我管理能力。教师需要为学生提供必要的学习指导和支持，鼓励他们进行自我学习和自我管理，培养他们的自主学习能力和自我管理能力。同时，教师还需要不断提升自己的专业素养和教学能力，以更好地适应教育发展的需要和社会对人才的需求。

建立评价与反思机制

自适应学习不仅需要关注学生的学习过程和学习成果，还需要建立评价与反思机制，以便对学生的学习进行全面、客观的评价和总结。这有助于学生了解自己的学习状况和不足之处，为今后的学习提供经验和借鉴。

在评价方面，教师需要制定明确的评价标准，包括学习态度、课堂表现、作业完成情况、考试成绩等方面。同时，教师需要采用多种评价方式，如平时成绩评价、阶段性测试、综合考试等，以便更全面地了解学生的学习情况和综合素质。此外，教师还应鼓励学生进行自我评价和相互评价，以培养他们的自我认知和批判性思维。

在反思方面，教师和学生需要对自适应学习的过程进行回顾和总结，发现不足之处并加以改进。教师通过课堂观察、学生反馈、教学反思等方式，了解自适应学习过程中存在的问题和困难，并及时调整教学策略和方法。同时，学生也需要对自己的学习过程和学习成果进行反思和总结，找出不足之处并加以改进，为今后的学习提供经验和借鉴。

在具体实践中，教师可以采用以下方法进行评价和反思：

（1）制定明确的评价标准和方法，并在教学过程中向学生说明，以便学生了解自己的学习状况和不足之处。

（2）及时收集学生的学习数据和反馈意见，进行整理和分析，以了解学生的学习情况和需求。

（3）定期组织学生进行自我评价和相互评价，鼓励学生交流和分享，以培养他们的自我认知和批判性思维。

（4）对自适应学习的过程进行反思和总结，找出存在的问题和困难，并及时调整教学策略和方法。

（5）将评价和反思结果记录下来，以便回顾和总结，为今后的学习提供经验和借鉴。

评价与反思机制是自适应学习的重要组成部分。通过制定明确的评价标准和方法、及时收集学生的学习数据和反馈意见、组织学生进行自我评价和相互评价等方式，教师可以对学生的学习过程和学习成果进行全面、客观的评价和总结。同时，通过对自适应学习过程的反思和总结，教师可以不断优化教学策略和方法，提高教学质量和效果。学生也可以通过反思自己的学习过程和学习成果，发现不足之处并加以改进，为今后的学习提供经验和借鉴。

5.5 游戏化学习模式

数学智慧课堂下的游戏化学习模式是一种将游戏元素和机制应用于数学学习的教学方法。它通过将数学学习转化为游戏的形式，激发学生的学习兴趣和积极性，提高他们的学习效果。

游戏化学习模式的核心思想是将学习过程设计成具有挑战性和趣味性的游戏。在游戏化学习模式下，学生通过完成任务、解决问题、获得奖励等方式进行学习。他们在游戏中扮演角色，体验不同的情景，通过与其他玩家竞争或协作，提高自己的数学能力和技巧。

游戏化学习模式可以通过多种方式实现。例如，教师可以设计数学题目的游戏化界面，让学生在游戏中完成数学题目，通过获得游戏内的奖励和进阶，激发学生的学习积极性。教师还可以设计数学题目的闯关模式，让学生通过解决一系列难度递增的数学题目，逐步提高自己的数学能力。此外，教师还可以设计数学竞赛的游戏化模式，让学生在游戏中与其他玩家竞争，提高自己的数学竞赛能力。

游戏化学习模式的优势在于它能够激发学生的学习兴趣和积极性，使学生更加主动地参与学习，享受学习的过程。游戏化学习模式还能够培养学生的问题解决能力、创新能力和团队合作精神，综合素质得到提升。

需要注意的是，游戏化学习模式并不是简单地将游戏引入学习环境，而是在教学设计和实施中合理运用游戏元素和机制，以达到有效的学习效果。教师需要根据学生的学习需求和特点，合理设计游戏化学习模式，为学生提供个性化的学习支持和指导。同时，教师还需要与学生进行良好的沟通和反馈，及时调整和改进游戏化学习模式，以不断提升学生的学习体验和学习效果。

5.5.1 游戏化学习的理念与特征

数学智慧课堂下的游戏化学习具有以下理念与特征：

激发学习兴趣和积极性

游戏化学习的一个重要特征是激发学生的学习兴趣和积极性。通过将学习过程设计成游戏的形式，能够让学生在学习中获得乐趣和挑战，从而激发他们的学习兴趣和积极性。

游戏化学习注重创设一个有趣和吸引人的学习环境。游戏中的元素和任务能够吸引学生的注意力，让他们对学习内容产生浓厚的兴趣。游戏化学习模式通常会采用丰富多样的图像、声音和动画效果，以及有趣的情节和角色设定等，让学生在游戏中参与学习。

另外，游戏化学习还会给学生带来一定的挑战性。游戏中的任务和关卡设置有适当的难度，要求学生进行思考和解决问题。这种挑战性能够激发学生的学习动力和求知欲，让他们愿意主动地投入到学习中去。

通过游戏化学习，学生能够在享受游戏的过程中，不断探索和学习新的知识和技能。他们会在游戏中感受到成就感和满足感，从而进一步激发学习的兴趣和积极性。这种积极的学习体验会促使学生更加投入地学习，提高学习效果和学习成绩。

提供个性化学习体验

个性化学习是游戏化学习的一个重要特征。在游戏化学习中，教师可以根据学生的学习进度和能力，为他们提供相应的游戏任务和挑战。对于学习能力较强的学生，可以提供更高难度的游戏任务，以促使他们更深入地学习和思考。对于学习能力较弱的学生，则可以提供更简单和容易理解的游戏任务，以帮助他们建立自信和巩固基础知识。

此外，游戏化学习模式还可以根据学生的学习兴趣和偏好，提供个性化的游戏内容和学习资源。教师可以根据学生的兴趣和爱好，设计不同主题和情境的游戏，让学生更加主动地参与学习。同时，教师还可以根据学生的学习风格和喜好，提供不同类型的游戏活动，如解谜、角色扮演、竞赛等，让学生在游戏中体验个性化的学习方式。

通过个性化的游戏化学习体验，学生能够更好地适应和理解学习内容，提高学习效果和学习成绩。教师需要不断观察和了解学生的学习需求，灵活调整游戏的设计，以满足学生的个性化学习需求。

培养问题解决能力和创新能力

游戏化学习模式能够培养学生的问题解决能力和创新能力。在游戏中，学生会面对各种挑战和难题，需要通过思考和合作解决问题。这样的学习过程能够培养学生的综合素质和解决实际问题的能力。

游戏化学习强调学生主动参与和主动思考。在游戏中，学生需要结合游戏中的情境和要求，运用所学的知识和技能，进行推理和判断，以解决游戏中的难题。

此外，游戏化学习还注重学生的合作与交流。在一些多人游戏或团队合作的游戏中，学生需要与其他玩家合作，共同解决问题。通过与他人的交流和合作，学生能够学会倾听和表达自己的想法，培养团队合作精神和沟通能力。

在游戏化学习中，学生还有机会进行创新和探索。游戏提供了一个相对自由和开放的学习环境，鼓励学生尝试新的方法和思维方式，从而培养他们的创新思维和创造力。

通过游戏化学习，学生能够在解决问题的过程中，培养批判性思维、分析能力和创新能力。他们能够学会面对挑战和困难时保持积极的态度和坚持不懈的精神。这样的学习过程不仅能够提高学生的学科知识水平，还能够培养他们的综合素质和解决实际问题的能力。

强调合作与竞争

游戏化学习模式强调合作学习和竞争学习，注重培养学生的团队合作精神和竞争意识。

合作学习是指学生在游戏中与其他玩家合作，共同解决问题和完成任务。通过与他人的合作，学生能够互相交流和分享自己的思路和方法，共同寻找解决问题的策略和方案。在合作学习中，学生需要互相理解和支持，建立团队合作精神和合作意识。同时，合作学习还能够培养学生的沟通能力和协作能力，学会有效地与他人合作完成任务。

竞争学习是指学生在游戏中与其他玩家竞争，争取获得更好的成绩和排名。通过与其他玩家的比拼，学生能够激发竞争意识和学习动力。他们会不断努力提高自己的数学能力和技巧，以取得更好的成绩。竞争学习还能够培养学生的自信心和坚持不懈的精神，让他们学会面对挑战和困难时保持积极的态度。

通过合作学习和竞争学习，学生能够在游戏化学习中培养团队合作精神和竞争意识，学会与他人合作解决问题，同时也能够学会与其他玩家竞争以争取更好的成绩。这样的学习过程不仅能够提高学生的数学能力和技巧，还能够培养他们的团队合作精神和竞争意识，为他们今后的学习和工作打下良好的基础。

提供实时反馈和奖励机制

数学智慧课堂下的游戏化学习模式可以通过实时反馈和奖励机制，激励学生的学习动力。

在数学智慧课堂的游戏化学习模式中，学生可以通过参与各种游戏活动来学习数学知识和技能。在游戏中，学生完成任务或解决问题后，教师应及时给予反馈和奖励，以激发他们的学习兴趣和积极性。

实时反馈可以通过游戏系统提供，例如学生完成一个数学题目后，系统可以立即给出正确答案和解题思路，让学生了解自己的表现并及时调整学习策略。实时反馈还可以通过教师的指导和评价来实现，教师观察学生在游戏中的表现，及时给予鼓励和指导。

奖励机制可以通过游戏系统设定，例如学生在游戏中获得积分、奖章或特殊道具等虚拟奖励，以及荣誉证书、奖励活动或实物奖励等实际奖励。这些奖励作为学生努力学习和取得成绩的回报，能够激发他们的学习动力和积极性。

通过实时反馈和奖励机制，数学智慧课堂下的游戏化学习模式能够激发学生的学习动力。学生在游戏中获得及时的反馈和奖励，感受到自己的努力和成绩得到认可和回报，从而增强对学习的兴趣和积极性。这样的学习过程不仅能够提高学生的学习效果，还能够培养他们的自我激励和持续学习的能力。

需要注意的是，游戏化学习并不是简单地将游戏引入学习环境，而是在教学设计和实施中合理运用游戏元素和机制。教师需要根据学生的学习需求和特点，合理设计游戏化学习模式，为学生提供个性化的学习支持和指导。同时，教师还需要与学生进行良好的沟通和反馈，及时调整和改进游戏化学习模式，以不断提升学生的学习体验和学习效果。

5.5.2 游戏化学习的实施策略

数学智慧课堂下的游戏化学习模式的实施策略包括以下几个方面：

设计有趣而具有挑战性的游戏任务

游戏任务应该能够激发学生的学习兴趣和积极性,同时又具有一定的难度，能够促使学生思考和运用数学知识和技能解决问题。

设计有趣而具有挑战性的游戏任务，可以通过以下几个方面来实现：

设置故事情节或背景。为游戏任务设置一个有趣的故事情节或背景，让学生能够在游戏中扮演角色或解决有趣的问题。这样可以增加游戏的吸引力和趣味性。

设计多样化的任务类型。游戏任务可以包括不同类型的数学问题和挑战，例如解决数学谜题、完成数学拼图、设计数学模型等。通过多样化的任务类型，可以激发学生的学习兴趣和好奇心。

增加任务的难度和复杂度。游戏任务应该逐渐增加难度和复杂度，让学生在解决问题的过程中不断思考和运用数学知识和技能。这样可以激发学生的挑战意识和求知欲。

提供提示和解题思路。在游戏任务中，可以提供一些提示和解题思路，帮助学生理解问题和找到解决方法。这样可以引导学生思考和探索，同时也减少学生在游戏过程中的挫败感。

设计关卡和奖励系统。将游戏任务分为不同的关卡，并为学生提供相应的奖励和反馈。关卡的设置可以根据学生的学习进度和能力进行调整，以确保任务的挑战性和适应性。

提供实时反馈和奖励机制。游戏系统应该能够及时给予学生相关反馈信息，例如正确答案、解题思路或评价。同时，游戏系统也应该设定奖励机制，让学生获得实际或虚拟的奖励，以激发他们的学习动力和积极性。

引入合作学习和竞争学习

在实施数学智慧课堂下的游戏化学习模式时，引入合作学习和竞争学习是重要的策略之一。通过设计一些可以让学生合作或竞争的游戏任务，有效激发学生的学习兴趣和积极性，提高他们的数学解题能力和技巧。

合作学习是指学生通过组队或共同解决问题的方式，合作完成学习任务。在游戏化学习模式中，可以设置一些需要学生合作解决的数学问题或挑战。例如，可以设计一场数学迷宫游戏，学生需要分成小组，利用数学知识和技巧解决迷宫中的数学题目，最终一起找到出口。在解决问题的过程中，学生可以相互交流和分享思路，共同合作找到最佳解决方案。通过这样的合作学习模式，学生不仅能够提高自己的数学能力，还能培养团队合作精神和合作能力。

竞争学习是指学生通过排名、积分或挑战等方式进行竞争。在游戏化学习模式中，可以设计一些竞争性的数学游戏任务。例如，设置一个数学竞赛，学生通过解答一系列数学题目来争取高分和排名。可以根据学生的成绩给予奖励或设立榜单，鼓励学生积极参与竞争。这样的竞争学习模式可以激发学生的学习动力和求知欲，促使他们更加努力地学习和提高。

在实施合作学习和竞争学习的过程中，需要注意平衡合作和竞争的关系。合作学习可以培养学生的团队合作精神和合作能力，让他们学会与他人合作解决问题。竞争学习可以激发学生的竞争意识和积极学习的动力，让他们争取更好的成绩。同时，也要确保游戏任务的设计具有一定的难度和挑战性，从而促使学生思考和运用数学知识和技能解决问题。此外，教师的引导和监督也是关键，及时给予学生指导和反馈，确保他们在游戏化学习过程中能够真正地学到知识和技能。

引入合作学习和竞争学习是数学智慧课堂下游戏化学习模式的重要策略之一。通过设计合作任务和竞争任务，可以激发学生的学习兴趣和积极性，培养他们的团队合作精神和竞争意识，提高他们的数学能力和技巧。

教师的引导和监督

教师在游戏化学习过程中扮演着重要的角色。应为学生提供所需的学习资源和指导，及时给予学生反馈和鼓励。同时，教师还需要监督学生的学习过程，确保他们在游戏中能够真正地学到知识和技能。以下是教师在游戏化学习过程中的引导和监督策略：

教师应该为学生提供所需的工具和学习资源，例如数学教材、参考书籍、在线学习平台、在线协作平台或团队讨论板块等。此外，教师还应该给予学生必要的指导，帮助他们理解游戏任务的要求和目标，掌握相关的数学知识和技能。

教师应该为学生设定明确的学习目标，告诉学生在游戏化学习中需要达到的成果和水平。学生清楚自己的学习目标后，能够更有目标地参与游戏，提高学习效果。

教师在游戏化学习过程中应该及时给予学生反馈，包括对答案的批改、解题思路的指导等。同时，教师还应该给予学生鼓励和赞扬，激励他们继续努力学习。

教师需要监督学生的学习过程，确保他们按时完成任务并真正地学到知识和技能。教师可以通过观察学生的表现、与学生交流和讨论等方式来监督学生的学习过程。

教师可以根据学生的不同需求，提供个别辅导和支持，包括与学生一对一地讨论问题、解答疑惑，或提供额外的学习资源和练习材料等。

教师应在游戏化学习中促进学生之间的合作和竞争。可以组织学生进行小组合作，通过讨论和协作解决问题。同时，教师还可以设立竞争性的排名或积分系统，激发学生的竞争意识和积极性。

通过以上的引导和监督策略，教师能够在游戏化学习过程中有效地指导学生，确保他们真正地学到知识和技能。同时，教师还能够监督学生的学习过程，保证他们按时完成任务并达到学习目标。这样的引导和监督有助于提高学生的学习效果和成果，培养他们的数学能力和思维能力。

设立实时反馈和奖励机制

在游戏化学习过程中，及时给予学生关于他们在游戏中表现的反馈信息，例如正确答案、解题思路或评价。同时，设立奖励机制，给予学生实际或虚拟的奖励，以激发他们的学习动力和积极性。以下是关于实时反馈和奖励机制的一些建议。

实时反馈：

正确答案反馈。当学生提交答案后，系统可以立即给予学生反馈，告诉他们答案是否正确。这样的反馈可以帮助学生及时纠正错误，并知道自己的学习进展。

解题思路反馈。除了告诉学生答案是否正确，还可以给予学生有关解题思路的反馈，例如，通过提示或解析的方式，向学生解释问题的解决步骤和思路。这样的反馈可以帮助学生理解问题和掌握解题方法，提高他们的数学能力。

评价反馈。教师可以根据学生的表现给予他们评价和建议。例如，评价学生的解题速度、准确度或创新性等方面。这样的反馈可以帮助学生了解自己的优势和不足，指导他们更好地改进和提高。

奖励机制：

实际奖励。可以设立一些实际的奖励机制，例如给予学生奖励物品、证书或奖金等。这样的奖励可以激励学生更加努力地学习和参与游戏化学习。

虚拟奖励。在游戏化学习中，可以设计虚拟的奖励机制，例如积分、徽章、排行榜等。学生可以根据自己的表现获得相应的奖励，这样的奖励可以增加学生的竞争意识和积极性。

个人化奖励。根据学生的学习需求和兴趣爱好，可以设计个人化的奖励机制，例如，给予学生选择学习任务的权利，或让他们参与自己感兴趣的学习项目。这样的奖励可以激发学生的学习动力，提高学生的参与度。

通过提供实时反馈和奖励机制，可以激发学生的学习动力和积极性。学生能够及时了解自己的学习进展，纠正错误，改进学习方法。同时，奖励机制也能够让学生感到自己的努力和成绩得到认可，增加他们的学习动力和自信心。

这样的实时反馈和奖励机制有助于提高学生的学习效果，促进他们的数学能力和学习兴趣的发展。

及时总结和复习

在游戏化学习过程中，学生应该及时总结和复习所学的数学知识和技能。教师可以设计一些复习任务或回顾活动，帮助学生巩固和强化所学内容。以下是一些关于及时总结和复习的建议。

教师可以设计一些复习任务，要求学生回顾和巩固在游戏中所学习和应用到的数学知识和技能，例如，布置一些综合性的练习题，让学生运用所学的知识和技能解决问题。这样的复习任务可以帮助学生回顾和巩固所学内容，加深对知识的理解和应用。

教师可以组织一些回顾游戏学习活动，例如小组讨论、学生演讲或展示等。学生可以通过与同学的讨论和交流，回顾和分享自己在游戏中的学习成果和经验。这样的回顾活动可以帮助学生巩固所学内容，加深对知识的理解和记忆。

教师可以提供一些复习材料，例如复习笔记、复习指南等。这些材料可以帮助学生有条理地回顾和复习所学内容，加强对知识的掌握和记忆。

教师可以根据学生的游戏化学习情况，提供个别辅导和指导。例如，与学生一对一地讨论问题、解答疑惑，或提供额外的复习材料和练习题。这样的个别辅导和指导可以帮助学生针对自己的学习需求进行复习和巩固。

教师可以设立答疑环节，让学生在游戏化学习过程中随时提问，教师及时回答学生的问题，帮助他们理解和复习所学内容。这样的答疑环节可以增加学生的学习动力和积极性，提高他们的学习效率。

通过及时总结和复习，学生能够巩固和强化所学的数学知识和技能，加深对知识的理解和记忆。同时，及时总结和复习也有助于学生发现自己的学习不足和问题，方便教师指导他们进行进一步的学习和提高。教师的引导和指导在及时总结和复习过程中起着重要的作用，可以帮助学生有效地复习和巩固所学内容。

实施这些策略时，首先需要注意平衡合作和竞争的关系，让学生在合作中领悟互相帮助和协作的重要性，同时也能够在竞争中体验到积极学习和努力奋斗的乐趣。其次，教师要确保游戏任务的设计具有一定的难度和挑战性，能够促使学生思考和运用数学知识和技能解决问题。最后，需要教师的引导和监督，及时给予学生指导和反馈，确保他们在游戏化学习过程中真正地学到知识和技能。

5.6 其他创新教学模式

数学智慧课堂下的教学模式不仅仅限于上面提到的常规创新教学模式，还有许多其他创新教学模式可以应用。这些创新教学模式通过引入新的教学方法和工具，打破传统的教学模式和学习方式，学生可以通过多种方式和工具进行学习，发展自己的数学能力和思维能力。同时，教师的角色也发生变化，从传统的知识传授者转变为学习的引导者和支持者，与学生共同探索和构建知识。以下是一些其他创新教学模式的介绍。

5.6.1 探究式学习

数学智慧课堂中的探究式学习模式是一种基于学生主动探索和发现的教学方法。在这种模式下，学生通过自主思考、实验和讨论，探索和构建数学概念、原理和解决问题的方法。

探究式学习模式的核心是学生的主动性和参与度。教师在这个过程中扮演的是指导者和引导者的角色，为学生提供问题、情境和资源，激发他们的探索欲望和学习兴趣。学生通过实践和研究，逐步发现和理解数学的规律和概念，培养问题解决能力和创新思维。

在数学智慧课堂中，探究式学习模式可以通过以下方式实施：

提出问题和情境。教师可以提出引人思考的问题和情境，激发学生的兴趣和好奇心。这些问题和情境可以与实际生活相关，让学生能够将数学知识应用到实际问题中。

学生自主探索。学生在教师的指导下，自主进行实验、观察和探索。他们可以使用各种教学工具和技术，例如数学建模、计算机软件、模拟实验等，进行数学问题的探索和解决。

小组合作和讨论。学生可以组成小组，共同讨论思路和解决问题。在小组中，学生可以互相交流和分享自己的思考过程和解决方法，促进彼此的学习和成长。

反思和总结。学生在探索过程中要进行反思和总结，思考学习过程和方法，理解数学规律和概念。教师可以提供指导和反馈，帮助学生加深对数学的理解和应用。

通过探究式学习模式，学生能够主动参与学习，培养自主学习的能力和习惯。他们能够充分发挥自己的创造力和想象力，探索数学的美和深度。同时，这种学习模式也有助于培养学生的批判性思维、解决问题的能力和团队合作精神。

在实施数学智慧课堂中的探究式学习模式时，教师需要注意以下几个方面：

教师需要设计引人思考和探索的问题和情境，确保问题具有挑战性和启发性。问题的设计应该能够激发学生的学习兴趣和思考能力，引导他们进行深入的探索和思考。

教师应在学生的探究过程中提供适当的指导和支持，帮助他们理清思路和解决问题。同时，教师要注意不要给出过多的指导，以留给学生足够的空间和自主性。

教师需要营造积极、开放和合作的学习氛围。鼓励学生互相交流和分享思考，尊重每个学生的观点和思维方式。同时，教师要给予学生足够的时间和机会来进行探索和实践。

在探究过程中，教师需要引导学生反思和总结他们的学习过程和方法，帮助他们理解数学规律和概念。教师可以提供问题和引导，促使学生深入思考和表达。

教师在学生的探究过程中要给予适当的反馈和评价。反馈可以是口头的，也可以是书面的，帮助学生了解自己的学习进展和改进方向。评价要关注学生的思考过程和解决问题的方法，而不仅仅关注答案的正确与否。

通过注意以上几个方面，教师可以有效地实施数学智慧课堂中的探究式学习模式，提供更加有意义和丰富的学习体验。学生可以通过自主探索和发现，深入理解数学知识和解决问题的方法，培养批判性思维和创新能力。

5.6.2 协作式学习

数学智慧课堂中的协作式学习模式是一种基于合作和协作的教学方法。在这种模式下，学生通过小组合作、项目合作或讨论活动来共同解决数学问题和完成任务。

协作式学习模式的核心是学生之间的互动和合作。学生可以互相交流和分享思考，相互协助和支持，共同解决数学问题和完成任务。教师在这个过程中扮演的是指导者和支持者的角色，为学生提供指导和反馈，促进合作和学习的有效进行。在数学智慧课堂中，协作式学习模式可以通过以下方式实施：

小组合作。学生可以组成小组，共同解决数学问题和完成任务。小组成员可以互相交流和分享自己的思考过程和解决方法，共同探索和理解数学的规律和原理。教师可以设定一些小组任务和挑战，激发小组之间的合作和竞争。

项目合作。学生可以在教师的指导下，进行数学项目的合作。项目应涵盖数学的不同领域和应用场景，例如建模、数据分析等。学生可以分工合作，从问题定义到结果呈现，共同完成项目的各个阶段。教师提供指导和反馈，帮助学生协调合作和解决问题。

讨论活动。教师可以组织学生进行数学讨论活动，学生在讨论中互相交流和分享自己的思考、观点和解决方法。教师提供问题和引导，促使学生深入思考和表达。讨论可以是小组内的，也可以是整个班级的。

互助学习。学生可以互相帮助和支持，共同解决数学问题。学生可以互相提问、解释和讲解，促进彼此的学习和理解。教师可以设立互助学习的机制和规则，鼓励学生之间的互动和互助。

通过协作式学习模式，学生能够学会与他人合作、共享和交流，培养团队合作和沟通能力。他们能够从不同的视角和思维方式中获得启发和观点，深入理解数学的概念和应用。同时，这种学习模式也有助于培养学生的批判性思维、解决问题的能力和创新精神。

在实施数学智慧课堂中的协作式学习模式时，教师需要注意以下几个方面：

组队合理。教师应根据学生的兴趣、能力和学习风格，合理划分小组。小组成员应该互补，能够互相支持和协作。同时，教师也要确保小组的规模适中，不宜过大或过小。

设定明确的目标。在协作式学习中，教师需要设定明确的学习目标和任务，让学生清楚需要达到什么样的成果。目标应该具有挑战性和可量化性，能够激发学生的学习动力和合作意愿。

提供适当的指导。教师在学生的协作过程中需要提供适当的指导和支持，给予学生一些启示和提示，帮助他们理清思路和解决问题。同时，教师也应注意不要给出过多的指导，给予学生足够的空间和自主性。

营造良好的学习氛围。教师需要营造积极、开放和合作的学习氛围。鼓励学生互相交流和分享思考，尊重每个学生的观点和思维方式。同时，教师要给予学生足够的时间和机会来进行协作和实践。

引导学生进行反思和总结。教师需要引导学生在协作过程中反思和总结他们的合作过程和方法，帮助他们理解数学规律和概念。

提供适当的反馈和评价。教师在学生的协作过程中要给予适当的反馈和评价。反馈可以是口头的，也可以是书面的，帮助学生了解自己的学习进展和改进方向。评价要关注学生的协作能力和解决问题的方法，而不仅仅关注结果的正确与否。

通过注意以上几个方面，教师可以有效地实施数学智慧课堂中的协作式学习模式，提供更加有意义和丰富的学习体验。学生可以通过合作和协作，深入理解数学知识和解决问题的方法，培养团队合作和沟通能力。同时，这种学习模式也有助于培养学生的批判性思维、解决问题的能力和创新精神。

5.6.3 情境式学习

数学智慧课堂中的情境式学习模式是一种基于情境和实际问题的教学方法。

它通过将数学知识和技能应用到真实的情境中，帮助学生理解和解决实际问题。

情境式学习模式的核心是将学习与实际生活联系起来。教师在这个过程中扮演的是引导者和指导者的角色，为学生创造真实的情境和问题，激发他们的学习兴趣和动力。情境式学习模式的实施包括以下几个步骤：

引入情境。教师通过引入一个真实的情境或问题，激发学生的学习兴趣和好奇心。这个情境可以是与实际生活相关的，让学生能够将数学知识应用到解决实际问题中。

学生探索和实践。学生在教师的指导下，通过实践和探索来解决情境中的问题。他们可以使用各种教学工具和技术，如数学建模、计算机软件、模拟实验等，来进行数学问题的探索和解决。

反思和总结。学生在探索过程中要进行反思和总结，思考他们的学习过程和方法，理解数学规律和概念。教师可以提供指导和反馈，帮助学生加深对数学的理解和应用。

应用和展示。学生将所学的数学知识和解决问题的方法应用到情境中，解决实际问题。他们可以展示他们的成果和解决方案，分享他们的思考和经验。

通过情境式学习模式，学生能够将数学知识和技能应用到实际生活中，培养问题解决能力和创新思维。他们能够从实际情境中获得启发和观点，深入理解数学的概念和应用。同时，这种学习模式也能够培养学生的批判性思维、合作能力和创造力，在解决实际问题中发展综合能力。

在实施数学智慧课堂中的情境式学习模式时，教师需要注意以下几个方面：

确定合适的情境。选择与学生实际生活相关的情境，能够引发学生的兴趣和好奇心。情境应该具有挑战性，但又不过于复杂，让学生能够理解和解决问题。

设定明确的学习目标。在情境式学习中，教师需要设定明确的学习目标，让学生清楚需要达到什么样的成果。目标应该与情境相关，能够激发学生的学习动力和兴趣。

提供支持和引导。在学生的情境式学习过程中，教师需要提供适当的支持和引导。教师可以提出问题、给予提示，激发学生的思考和探索。同时，教师也应注意不要给出过多的指导，给予学生足够的空间和自主性。

促进合作和讨论。情境式学习可以通过合作和讨论来促进学生之间的互动和交流。教师可以组织学生进行小组合作，共同讨论思路和解决问题。在小组中，学生可以互相交流和分享自己的思考过程和解决方法。

引导学生进行反思和总结。学生在情境式学习过程中要进行反思和总结，教师需要引导学生思考他们的学习过程和方法，帮助他们理解数学规律和概念。教师可以提出问题和引导，促使学生深入思考和表达。

提供适当的反馈和评价。教师在学生的情境式学习过程中要给予适当的反馈和评价。反馈可以是口头的，也可以是书面的，帮助学生了解自己的学习进展和改进方向。评价要关注学生的思考过程和解决问题的方法，而不仅仅关注结果的正确与否。

通过注意以上几个方面，教师可以有效地实施数学智慧课堂中的情境式学习模式，提供更加有意义和丰富的学习体验。学生可以通过情境的设置，将数学知识和技能应用到实际问题中，培养问题解决能力和创新思维。同时，这种学习模式也能够培养学生的批判性思维、合作能力和创造力，在解决实际问题中发展综合能力。

5.7 模式选择与应用

在数学智慧课堂中，选择适合的教学模式是非常重要的。不同的学生有不同的学习需求，而不同的教学目标也有不同的要求。因此，在教学过程中，教师需要根据学生的需求和教学目标来选择合适的教学模式。

在数学智慧课堂中，选择适合的教学模式、灵活组合和应用不同的教学模式，是教师提供优质教学的关键。通过了解学生的需求和教学目标，教师可以选择最合适的教学模式，激发学生的学习兴趣和动力。通过灵活组合和应用不同的教学模式，教师可以提供多样化和综合性的学习体验，促进学生的全面发展。同时，利用技术支持的学习模式，可以进一步增强学生的学习效果。

5.7.1 根据学生需求选择模式

在数学智慧课堂中，选择适合的教学模式对于满足学生的学习需求至关重要。学生的学习特点、学习风格、兴趣和能力水平是教师了解学生需求的重要依据。每个学生都有自己独特的学习方式和偏好，因此教师需要根据学生的需求选择不同的教学模式，以提供个性化的学习体验。

根据学生学习特点

了解学生的学习特点是选择合适教学模式的第一步。教师可以通过观察学生的学习行为和表现，了解他们对数学的兴趣、学习风格以及学习能力的差异。有些学生可能更倾向于主动探索和发现，他们对于数学问题感兴趣，善于思考和提出问题。对于这样的学生，探究式学习模式是一个很好的选择。在这种模式下，一方面，教师可以引导学生参与到问题解决和实践活动中，让他们通过自主探索来发现数学的美妙之处。另一方面，学生可以培养自主学习及解决问题的能力。

有些学生更喜欢与同学合作学习。他们喜欢在小组中互相交流和合作解决问题。对于这样的学生，合作式学习模式是一个很好的选择。在这种模式下，教师可以组织学生形成小组，让他们通过合作来解决数学问题，共同探讨思路和解决方法。通过与同学的合作，学生可以互相借鉴和学习，培养良好的团队合作精神和沟通能力。

根据学生学习风格

数学智慧课堂可以根据学生的学习风格选择教学模式。不同的学生有不同的学习风格，例如视觉型、听觉型和动手实践型等。在数学智慧课堂上，教师可以利用多媒体资源、互动工具和实验设备等，提供视觉、听觉和实践操作等多方面的学习体验，以满足不同学习风格学生的需求。例如，对于视觉型学生，教师可以采用图像、图表和视频等教学方式，帮助他们更好地理解和掌握数学知识；对于听觉型学生，教师可以重点讲解数学概念、公式和解题方法的原理和应用，让他们更好地领悟数学知识；对于动手实践型学生，教师可以安排实验探究、数学建模和问题解决等教学活动，激发他们的学习兴趣和创造力。

根据学生学习水平

数学智慧课堂可以根据学生的学习水平选择教学模式。不同的学生有不同的学习水平和理解能力，教师可以根据学生的实际情况选择相应的教学模式。例如，对于学习水平较低的学生，教师可以采用具有基础性、渐进式的教学方式，帮助他们打好基础，逐步提高数学能力；对于学习水平较高的学生，教师可以采用具有探究性、拓展性的教学方式，让他们在掌握数学知识的基础上，进一步培养数学思维和创新能力。

根据学生学习兴趣

数学智慧课堂还可以根据学生的学习兴趣选择教学模式。不同的学生对数学知识的兴趣点不同，教师可以根据学生的兴趣选择相应的教学模式。例如，对于对数学应用感兴趣的学生，教师可以通过情境式学习模式来激发他们的学习兴趣。在这种模式下，教师可以引入真实的情境或问题，让学生将数学知识应用到实际问题中。通过解决实际问题，学生可以体会到数学在现实生活中的重要性和应用价值，从而增加他们对数学的兴趣。对于对数学历史感兴趣的学生，教师可以介绍数学发展历程、著名数学家的故事等，激发他们对数学的热爱。

根据学生的需求选择合适的教学模式是数学课堂中的重要任务。教师通过了解学生的学习特点、风格、水平、兴趣和需求等，选择最适合的教学模式，激发学生的学习兴趣和动力。探究式学习模式可以满足学生主动探索和发现的需求，合作式学习模式可以满足学生与同学合作学习的需求，情境式学习模式可以满足学生对数学兴趣的需求。通过个性化的教学模式选择，教师可以提供更加有意义和有效的数学学习体验，帮助学生更好地理解和应用数学知识。

5.7.2 根据教学目标选择模式

教学目标是教师在教学过程中要达到的预期结果，包括知识、技能和态度的培养。教师应选择不同的教学模式来达到这些教学目标。

根据教学目标选择模式非常重要，不同的教学目标对应着不同的教学模式。

教师需要明确自己的教学目标是要培养学生的问题解决能力，还是提高他们的计算能力等。在制订教学目标的同时，教师也应该考虑使用哪种教学模式来达到这些目标。

对于以知识传递和巩固为目标的教学,教师可以采用翻转课堂的教学模式。在这种模式下，学生在课前通过观看教学视频、完成预习等方式，初步掌握基础知识，而教师在课堂上则主要进行答疑解惑和引导学生深化理解。这种模式可以让学生自主掌控学习进度，充分发挥学生的学习主动性，提高学习效果。如果教学目标是帮助学生掌握数学基础知识，教师还可以采用讲授和演示的教学模式。教师可以通过讲解数学概念、公式和解题方法，以及演示具体的数学运算步骤，帮助学生理解和记忆数学知识。

对于以技能培养和运用为目标的教学，教师可以采用项目式学习或问题解决学习的模式。项目式学习通过引导学生解决实际问题或完成实际项目，让学生在实践中学习和运用数学知识，培养他们的实践能力和创新思维。问题解决学习则通过引导学生解决数学问题，培养他们的数学思维和解决问题的能力。这两种模式都可以让学生在实践中学习数学，提高他们的学习兴趣和参与度。如果教学目标是培养学生的数学思维和解决问题的能力，教师还可以采用探究式和合作式的教学模式。探究式学习可以让学生主动探索问题，提出猜想和解决方案，并通过实践验证和推理，培养他们的数学思维和问题解决能力。合作式学习可以让学生与同学合作，共同解决数学问题，促进他们的互动和交流，提高他们的合作能力和团队精神。

对于教学目标是培养学生的数学创新和应用能力的教学，教师可以采用情境式和项目式的教学模式。情境式学习可以将数学知识应用于实际情境中，让学生在具体的背景下进行数学思考和解决问题，培养他们的数学应用能力和创新能力。项目式学习可以让学生参与到具体的数学项目中，通过实际操作和实践活动，解决实际问题，培养他们的实际应用能力和创造力。

教师可以通过明确教学目标，选择最合适的教学模式，提供有针对性和有效性的教学。

5.7.3 模式的灵活组合与应用

教师可以根据具体的教学内容和情境来灵活组合和应用不同的教学模式。教学模式并不是僵化的，可以根据实际情况进行调整和变化。有时候，一个教学目标可能需要多种模式的组合来达成。例如，可以先采用探究式学习模式引发学生的兴趣和好奇心，然后再转换到合作式学习模式，让学生在小组中共同讨论思路和解决问题。通过灵活组合和应用不同的教学模式，教师可以提供多样化和综合性的学习体验，帮助学生更好地理解和应用数学知识。

教师还可以通过结合传统教学和智慧课堂教学，充分发挥两者的优势，提高教学效果。

传统教学模式以教师为中心，以课堂讲授为主要方式，注重知识的系统性和连贯性。这种模式有利于教师掌控教学进度和节奏，同时也有利于学生对基础知识的掌握和理解。在传统教学模式中，教师通常会进行详细的讲解和示范，帮助学生建立扎实的基础知识体系。

而智慧课堂教学则注重学生的主体地位，以信息技术和数字化资源为主要手段，通过互动、探究和实践等方式，激发学生的学习兴趣和主动性，提高他们的学习效果和综合素质。智慧课堂的教学方式多样，包括在线学习、互动讨论、小组合作、探究实验等，可以让学生在学习过程中更加主动和灵活。

通过结合传统教学和智慧课堂教学，教师可以实现优势互补，提高教学效果。在基础知识的教学中，教师可以采用传统教学模式，通过详细的讲解和示范，帮助学生建立扎实的基础知识体系；而在技能培养和拓展提升阶段，教师可以采用智慧课堂的教学模式，通过互动、探究和实践等方式，激发学生的学习兴趣和主动性，提高他们的学习效果和综合素质。

此外，教师还可以根据教学内容和学生的实际情况，灵活选择不同的教学模式。例如，对于一些需要精细讲解的基础知识，教师可以采用传统教学模式进行讲解；而对于一些需要探究和实践的复杂问题或项目，教师可以采用智慧课堂的教学模式进行探究和实践。

在数学智慧课堂中，选择适合的教学模式、灵活组合和应用不同的教学模式，是教师提供优质教学的关键。通过了解学生的需求和教学目标，教师可以选择最合适的教学模式，激发学生的学习兴趣和动力。通过灵活组合和应用不同的教学模式，教师可以提供多样化和综合性的学习体验，促进学生的全面发展。同时，利用技术支持的学习模式，可以进一步增强学生的学习效果。因此，教师应该不断探索和尝试不同的教学模式，以提供最优质的数学智慧教育。

第六章　基于信息技术的数学智慧课堂教学设计

数学智慧课堂教学设计是指运用先进的教育理念、教学策略和信息技术手段，对数学课堂教学过程进行精心设计和安排，旨在提高学生的学习兴趣、培养数学思维能力和解决问题的能力，实现个性化、差异化和智能化的数学教学。

数学智慧课堂教学设计的理念源自个性化、差异化和智能化的教学理念。它强调教学应以学生为中心，关注学生的个体差异，以满足他们的学习需求。同时，它也强调利用信息技术，实现智能化的教学管理和支持。

数学智慧课堂教学设计的实践则体现在教学策略和信息技术的运用上。教师可以选择适合的教学策略，如项目式学习、合作学习等，帮助学生深入理解数学知识，发展数学思维能力。同时，教师也可以运用信息技术工具，如在线学习平台、智能评价系统等，为学生提供丰富的学习资源，实现个性化的学习路径。

数学智慧课堂教学设计的目标是提高学生的学习兴趣，培养他们的数学思维能力和解决问题的能力。通过精心的设计和安排，数学智慧课堂不仅可以使学生更好地理解和掌握数学知识，还可以激发他们的学习兴趣，培养他们的创新思维和问题解决能力。

总的来说，数学智慧课堂教学设计是一种以学生为中心，利用信息与通信技术来改进数学课堂教学的设计方式。它的主要目标是通过创新的教学策略和工具，提高学生的学习效果，激发他们的学习兴趣，培养他们的思维能力和问题解决能力。

6.1 数学智慧课堂教学设计的理念与原则

在信息技术的支持下，数学智慧课堂教学可以有效地提高学生的学习效果。其主要理念与原则包括：

教学设计要以学生为中心

数学智慧课堂为学生提供了自主学习的机会，使他们能够按照自己的进度和方式进行学习。在进行数学智慧课堂教学设计时，应把学生的需求和兴趣放在首位，以提高他们的学习积极性。教师的角色定位是引导和帮助学生实现自我发展，而不仅仅是传授知识。

在教育领域中，信息技术已经从被动的工具使用转变为主动的教学设计。其中，数学智慧课堂教学设计是一个显著的例子。在这种教学设计中，学生被置于中心地位，他们的需求和兴趣被重视，而教师的角色则从传统的知识传授者转变为学习的引导者和帮助者。

以学生为中心的教学设计，强调的是以学生为主体，让他们按照自己的学习节奏和方式进行学习。这个理念反映在数学智慧课堂的各个方面。一方面，信息技术为学生提供了自主学习的机会。例如，通过在线学习平台，学生可以在任何时间、任何地点获取学习资源，按照自己的进度进行学习。这种方式充分尊重了学生的个体差异，使他们能够在舒适的环境下，以适合自己的方式进行学习。

另一方面，数学智慧课堂教学设计时将学生的需求和兴趣放在首位。在教学设计中，教师需要充分考虑学生的学习需求，选择适合他们的学习内容和方法。同时，教师也需要关注学生的兴趣，激发他们的学习热情。例如，教师可以设计一些与学生生活经验相关的数学问题，使学生能够在解决问题的过程中，发现数学的应用价值，提高他们的学习积极性。

此外，教师的角色也发生了重大变化。在数学智慧课堂中，教师不再仅仅是传统意义上的知识传授者，也是学生学习的引导者和帮助者。教师在教学设计的主要任务是创设有利于学生学习的环境，引导学生自主地探索和发现知识，提供必要的帮助和支持。例如，教师可以设计一些开放性的数学问题，引导学生进行探究，然后在学生遇到困难时，提供适时的帮助。

以学生为中心的数学智慧课堂教学设计，注重学生需求和兴趣，强调教师引导和帮助。它充分利用了信息技术的优势，为学生提供了更多的自主学习机会，使他们能够在享受学习的过程中，掌握数学知识，发展思维能力。而对于教师来说，他们需要不断地学习新的教学理念和方法，以适应这种以学生为中心的教学模式。在这个过程中，教师和学生共同成长，共同进步，实现了教育的真正目标。

教学设计要注重个性化和差异化

每个学生都是独特的，他们的学习风格、理解能力和进度都有所不同。因此，数学智慧课堂中的教学设计时应该根据学生的个体差异进行个性化和差异化的设计和调整。

每个学生在学习过程中都会展现出独特的风格和优势。有的学生逻辑思维能力较强，他们喜欢通过分析和推理来解决数学问题；有的学生形象思维能力较强，他们喜欢通过图像和模型来理解概念；还有的学生善于实践操作，喜欢通过动手操作和实验来探究数学规律。这些个体的差异性使得教学过程不能一刀切，不能以教师为中心，教师需要转变为学生学习的引导者和设计者，以学生为中心进行教学设计。

首先，教师需要了解学生的学习风格和特点。这需要教师在日常教学中观察学生的学习行为，通过测试和反馈了解学生的学习情况，然后根据学生的特点进行教学设计。例如，对于逻辑思维能力较强的学生，教师可以设计一些需要分析和推理的数学问题；对于形象思维能力较强的学生，教师可以使用图像和模型来解释数学概念；对于擅长动手实践的学生，教师可以设计一些需要操作和实验的数学活动。

其次，教师需要考虑学生的理解能力和学习进度。学生理解和掌握数学知识的程度和速度不同。有些学生需要更多的时间和更多的指导才能理解和掌握，而有些学生则很快理解和掌握。因此，教师在教学设计时，需要根据学生的理解能力和学习进度，制订适当的教学目标和教学策略，例如，对于理解能力强，学习进度快的学生，教师可以提供更高层次的挑战和问题让他们思考；而对于理解能力较弱，学习进度慢的学生，教师则需要给予更多的指导和帮助，以帮助他们理解和掌握知识。

总的来说，个性化和差异化的教学设计，不仅尊重了学生的独特性，也提高了教学的效率和效果。它要求教师有深厚的专业素养，扎实的教学技能和敏锐的观察力，以便能够根据学生的特点和需求进行有效的教学设计。

教学设计要利用信息技术支持教学

在传统的课堂教学模式中，由于缺乏信息技术的支持，个性化学习和差异化学习以及自主学习往往难以实现。然而，随着信息技术的飞速发展，教学设计有了更多的可能性，更便于实现个性化和差异化的教学，提高学生的自主学习能力。

首先，信息技术的应用大大丰富了教学资源的种类和形式。这些资源不仅包括传统的文字和图片资料，还有动态的多媒体资源，如视频、音频和互动式模拟等。这些资源能够引起学生的兴趣，令他们更加积极地参与到学习中，帮助他们更好地理解和掌握知识。在教学设计中，教师可以灵活地运用这些资源，以提升教学效果。

其次，信息技术支持了个性化和差异化的教学。在线学习平台的出现，打破了学生学习的时空限制。通过大数据和人工智能技术，我们还可以获取学生的学习数据，了解他们的学习情况，为他们提供个性化的教学支持。例如，系统可以根据学生的学习进度和理解程度，提供个性化的学习计划和资源。

最后，信息技术还能提高教学效率和效果。教师可以利用实时反馈和数据分析，及时了解学生的学习情况，并据此调整教学策略。信息技术还能帮助教师更精准地评估学生的学习成果，提供更有针对性的指导。

在数学智慧课堂下，教学设计需要充分考虑到信息技术的支持。然而，我们也要清楚地认识到，信息技术只是一个工具。优质的教学设计和教师的专业素养才是教学的核心。教师需要在设计教学时，灵活运用信息技术，以实现教学目标。同时，他们还需要具备专业素养，能够根据学生的实际情况，对教学策略进行合理的调整。

教学设计注重学生的思维能力和问题解决能力的培养

数学不仅仅是一门学科，更是一种思维的训练和锻炼。在数学智慧课堂的教学设计中，我们应该重点关注如何引导学生运用数学的思维方式，提升解决问题的能力。以下是一些重要的教学设计策略：

首先，创设问题情境以激发学生的思维活力。通过设计富有挑战性的实际问题和情境，我们可以引导学生运用所学知识来寻求解决方案。这种教学设计可以激发学生的好奇心和求知欲，推动他们主动思考和探索。

其次，优化问题设计以引导学生进行深度思考。教师在设计问题时需要考虑问题的难度、梯度和广度，以便引导学生进行深入思考。合适的问题设计能够推动学生从不同角度和层次去思考问题，从而提升他们的思维能力。

再次，鼓励合作学习以共同解决问题。在数学智慧课堂中，教师可以利用小组讨论、合作探究等方式，让学生互相交流想法，互相学习，共同解决问题。这种合作学习方式不仅可以提高学生的合作意识和合作能力，还能提高他们的思维能力和问题解决能力。

最后，提供丰富的学习素材以拓展学生的思维空间。教师可以提供丰富的数学模型、图表、数据分析工具等资源，帮助学生扩展思维空间，提高他们的思维能力和问题解决能力。同时，教师还需要鼓励学生自主寻找素材和资源，以培养他们的自主学习能力和终身学习能力。

总的来说，在数学智慧课堂的教学设计中，教师应该注重培养学生的思维能力和问题解决能力，而这需要教师从创设问题情境、优化问题设计、鼓励合作学习和提供丰富素材等方面进行深入的探索和实践。

教学设计应持续学习和反思

教学是一个持续的过程，需要教师不断地学习、反思和改进。通过收集和分析学生的学习数据，教师可以了解他们的学习效果，反思自己的教学，然后进行相应的调整和优化。

一方面，教师需要通过收集和分析学生的学习数据来了解他们的学习效果。在智慧课堂中，教师可以利用信息技术工具来获取和分析学生的学习数据，包括他们的学习进度、理解程度、答题正确率、学习时间、学习习惯等。这些数据可以为教师提供宝贵的反馈，帮助他们了解学生的学习状态和需求。教师可以根据这些数据，设计出符合每个学生需求的教学方案，如调整教学进度、分层教学等。学生的学习数据也可以用于课堂互动的设计。例如，教师可以根据学生的答题正确率，选择难度适中的问题进行课堂讨论，或者针对学生普遍错误的问题进行重点讲解。学生的学习数据还可以帮助教师了解学生的学习习惯，从而在教学设计时考虑如何培养良好的学习习惯。比如，如果数据显示学生的学习时间主要集中在课后，那么教师可以设计一些课后的自我学习任务；如果数据显示学生喜欢通过互动学习，那么教师可以设计更多的小组讨论或合作学习活动。

另一方面，教师需要反思自己的教学。反思是教师专业发展的一个重要环节。教师需要常常回顾和反思自己的教学，思考教学策略是否有效、教学活动是否有助于学生的学习、教学材料是否适合学生的学习等。同时，教师也需要反思学生的反馈和学习数据，以了解自己的教学是否达到预期的效果。在教学设计的过程中，根据教师反思的结果进行调整和优化是必不可少的步骤。

教师需要根据自我反思的结果，调整教学策略。如果反思结果显示当前的教学策略未能有效帮助学生学习，那么教师应该考虑更换教学策略。例如，如果发现课堂讲授的效果不佳，那么教师可以尝试引入更多的学生参与式活动，如小组讨论、角色扮演等。

反思结果也可以指导教学活动的设计。如果某些教学活动对学生的学习效果不佳，那么教师可以根据反思的结果，调整或优化这些教学活动。例如，如果发现学生在做作业时遇到困难，那么教师可以调整作业的难度，或者提供更多的辅导和支持。

教师也应该根据反思的结果，调整教学材料。比如，如果发现学生对某个教学材料对学生的理解和掌握产生困扰，那么教师应该寻找或者创造更易于理解的教学材料。

6.2 数学智慧课堂教学设计

6.2.1 教材分析

数学智慧课堂的教材分析是指对数学智慧课堂中所使用的教材进行深入研究和解读，以发掘教材中的数学思想、方法和智慧，并应用于实际教学中。

数学智慧课堂的教材分析旨在通过对教材的深入研究和解读，挖掘教材中蕴含的数学思想、方法和智慧，并将这些元素应用于实际教学中，以帮助学生更好地理解和掌握数学知识，培养其数学思维和解决问题的能力。在进行数学智慧课堂的教材分析时，可以从以下几个方面入手：

教材内容的整体性。对教材内容进行整体性分析，了解教材的知识体系和结构，掌握教材的重点和难点，以及各部分内容之间的联系和作用。

教材内容的结构性。教材内容的结构往往反映了数学知识的逻辑体系，通过分析教材的结构性，教师可以更好地理解教材内容的逻辑顺序，从而更有效地进行教学。

教材中的数学思想和方法。教材中往往蕴含着丰富的数学思想和方法，教材分析中，要注重发掘其中蕴含的数学思想和方法，例如转化、归纳、类比、演绎等，以及思考如何将这些思想和方法应用于实际问题解决中。通过对这些数学思想和方法的深入研究，教师可以更好地引导学生理解和掌握数学知识，培养他们的数学思维能力。

解题方法的探究。对教材中的例题和习题进行分析，探究解题方法和思路，了解不同解题方法的优劣和应用场景，以及思考如何引导学生自主探究和发现解题方法。

与实际生活的联系。在教材分析中，要注重将教材内容与实际生活相联系，引导学生运用所学数学知识解决实际问题，培养数学应用意识和实践能力，提高学生的学习兴趣和学习效果。

以初中数学中的“三角形内角和定理”为例，在进行这一节内容的教材分析时，可以采取以下步骤：

了解教材的知识体系和结构：通过研读教材，了解本节内容在教材中的位置和作用，并掌握三角形内角和定理的相关知识点的前后联系。

发掘数学思想和解题方法：在本节内容中，重点要掌握转化思想、归纳法和几何证明方法。通过观察和实验，让学生了解三角形内角和等于180度的事实，并能用几何证明方法进行证明。同时，要引导学生体会从特殊到一般的认识规律和归纳法在几何证明中的应用。

与实际生活的联系：通过举例说明三角形内角和定理在实际生活中的应用，例如计算角度、设计图形等，引导学生运用所学知识解决实际问题。

确定教学目标和教学策略：根据教材分析的结果和学生实际情况，确定教学目标和教学策略，包括实验探究、小组合作、互动交流等教学方法的应用，以及例题和习题的选择和讲解等。

通过以上教材分析过程，可以帮助教师更好地理解和掌握教材内容，为后续的教学设计和实施提供有力的支持和指导。

教师还可以从以下几个方面进行教材分析拓展：

教材语言的特性。对教材语言的分析，可以帮助教师理解教材的语言风格和特点，这对于教师在教学中解读和传达教材内容有很大的帮助。

教材内容的难易程度。通过分析教材内容的难易程度，教师可以根据学生的实际情况，合理安排教学进度，确保教学效果。

教材中的例题和习题。教材中的例题和习题是学生学习的重要资源，通过对例题和习题的分析，教师可以更好地了解学生的学习需求，提供有效的指导和帮助。

6.2.2 学情分析

学情分析是教学设计的重要部分，是指教师对学生的学习情况、知识掌握程度、学习能力、学习习惯、学习兴趣等进行深入分析，以便于制定出符合学生实际需要的教学方案。进行学情分析的目的是为了更好地了解学生的学习需求，提高教学效果。学情分析可以从以下几个方面来进行：

学生的基础知识掌握情况。了解学生对前置知识的理解和掌握情况，这对于接下来的教学有非常重要的影响。例如，在教授几何知识时，需要知道学生对于数学基础知识，如角、线和点的理解程度。

学生的学习能力。这包括学生的思维能力、表达能力、解决问题的能力等。这些能力的高低，直接影响学生对新知识的理解和掌握。

学生的学习习惯和学习风格。有些学生善于通过听和看来学习，有些学生则更倾向于通过动手实践来学习。了解学生的学习习惯和学习风格，教师可以采用更适合学生的教学方法和策略。

学生的学习动机和兴趣：对学生的兴趣和学习动机进行了解，方便教师采取相应措施，增强学生的学习动力，提高学生的学习效率。

学生的学习困难和问题：及时发现和解决学生的学习困难和问题，可以帮助学生克服学习障碍，提高学习效果。

学生的个体差异：每个学生的知识基础、认知能力、学习速度等都有所不同，教师需要因材施教，满足每个学生的学习需求。

利用现代信息技术（如学习管理系统、大数据分析工具等）可以助力学情分析更精准，如利用平台收集、整理和分析学生学习数据，以了解学生的学习状态和需求，为教学决策提供科学依据。

技术支持下的学情分析一般包括以下几个方面：

学习行为数据：包括学生的学习时间、学习频率、学习路径等。

学习成绩数据：包括学生的测试成绩、作业成绩、课堂表现等。

学习过程数据：包括学生的学习策略、学习方法、学习风格等。

学习反馈数据：包括学生的学习感知、学习满意度、学习困难等。

技术支持下的学情分析主要通过数据挖掘和统计分析等方法进行。数据挖掘是指从大量数据中挖掘出有用信息的过程，帮助教师发现学生学习的规律和趋势；统计分析则可以帮助教师对学生的学习数据进行量化分析，提供更准确的分析结果。

例如，利用平台学习时，在平台上，学生的每一次查阅资料、每一次点击、每一次提交作业等都会被记录下来，形成大量的学习行为数据。教师可以通过分析这些数据，了解学生的学习行为模式，如学生在什么时间段学习最积极，学生偏好哪种学习资源，学生在哪些知识点上花费的时间最长等。根据这些信息，教师可以调整教学策略，如调整课程安排，提供个性化的学习资源，加强对困难知识点的讲解等，从而优化教学效果。同时，平台上的测试和作业成绩也可以为教师提供反馈，教师可以通过对成绩数据的分析，了解学生的共性问题和个性问题，以及学生的学习成绩和进步情况，及时调整教学计划。此外，通过对学生的学习反馈数据的分析，教师还可以了解学生的学习感受和意见，以进一步优化教学方法和环境。

6.2.3 教学目标分析

教师需要根据学生在学习数学过程中需要达成的核心素养，对教学目标进行明确和分析，以便在设计教学过程时更具有针对性。在信息技术的支持下，对教学目标能进行更详细的分析和设定。在数学智慧课堂教学设计中，根据核心素养，需要对以下教学目标进行分析：

知识目标分析

知识目标分析要明确学生需要掌握的具体数学知识，如概念、定理、算法等，并强调抽象能力的培养，使学生能将现实问题抽象为数学问题，理解并应用数学知识。

知识目标分析在数学教学规划中起着至关重要的作用。理解和明确知识目标能帮助教师根据学生的需求和学习进度，制订出有效的教学计划和策略。在数学教学中，教师所关注的知识目标不仅包括基础的概念、定理和算法，也包括更高层次的抽象思维能力。

教师需要确定学生需要掌握的基础数学知识。这些知识是建立数学思维的基石，包括基本的数学概念，如数、量、形状、函数等；基本的数学定理，如勾股定理、平行线定理、极限定理等；以及基本的数学算法，如加减乘除、因式分解、微积分等。这些知识需要通过系统的教学和反复的练习，使学生熟练掌握。

技术可以提供丰富的教学资源和工具，帮助教师深入理解教学内容，明确学生需要掌握的知识和技能。在技术支持下的知识目标分析中，教师可以利用各种数字化工具和平台来更有效地确定和实现教学目标。以下是一些方法：

利用在线教育平台进行知识目标分析。许多在线教育平台都提供了丰富的课程资源和教学工具，教师可以根据这些资源来明确知识目标。例如，教师可以参考其他教师的教学计划和课程设计，从而更清晰地了解学生需要掌握的知识点。

利用学生管理系统跟踪学生的学习进度。通过学生管理系统，教师可以实时了解学生的学习情况，包括他们已经掌握了哪些知识，还有哪些知识点需要进一步学习。这能帮助教师更精确地确定知识目标，并根据学生的实际需要调整教学计划。

利用在线测试和评估工具检测学生的知识掌握情况。这些工具可以提供即时的反馈，让教师了解学生对某一知识点的理解程度，从而更好地确定和调整知识目标。

利用数字化资源丰富教学内容。教师可以利用各种在线教学资源，如教学视频、互动游戏、模拟实验等，丰富教学内容，提高学生的学习兴趣和动手能力，助力他们更好地理解和掌握知识。

利用数据分析工具进行知识目标分析。教师可以通过数据分析工具，对学生的学习数据进行深入分析，发现学生的学习困难和疑惑，从而进一步明确教学目标，制定有效的教学策略。

总的来说，技术支持下的知识目标分析能够帮助教师更科学、精确地确定和实现教学目标，对提高教学效果有着积极的推动作用。

能力目标分析

能力目标分析是指对学生在学习数学过程中需要培养的能力进行明确和规

划。数学教学的目标并不止于知识目标。教师需要培养学生的数学能力，使他们能够将复杂的现实问题抽象为数学问题并解决。这需要教师在教学过程中，通过引导学生观察和分析问题，提出问题的数学模型，然后使用数学工具进行解决。这样的教学过程不仅可以提高学生的问题解决能力，也可以让学生体验到数学的美和魅力。

教师在进行能力目标分析时要明确学生需要培养的数学能力，包括运算能力、几何直观、空间观念、推理能力等。培养学生运用数学知识解决问题的能力，以及用数学的眼光观察现实世界，用数学的思维思考、表达现实世界的能力。

以下是学生能力目标分析的几个方面：

运算能力。学生需要掌握基本的数学运算技能，包括加减乘除、分数和小数的计算、简单的代数式计算等。同时，也需要理解并掌握运算的顺序和法则，能够正确、迅速地进行运算。

几何直观。学生应对几何图形的形状、大小、位置等几何特性进行感知和描述。同时，也需要理解并掌握基本的几何概念和定理，能够解决简单的几何问题。

空间观念。学生需要具备空间想象能力，能够理解和描述空间中的点、线、面等基本元素以及它们之间的关系。同时，也需要理解并掌握基本的三维空间概念和定理，能够解决简单的空间问题。

推理能力。学生需要能够通过已知的事实和条件，运用逻辑推理的方法，推导出结论或解决新的问题。同时，也需要理解并掌握基本的推理规则和方法，如归纳、演绎、反证等。

问题解决能力。学生需要能够运用所学的数学知识，解决生活中的实际问题。同时，也需要理解并掌握如何将实际问题转化为数学问题，并运用适当的数学方法进行解决。

数学思维。学生需要能够运用数学的眼光观察现实世界，用数学的思维思考现实世界。同时，也需要理解并掌握基本的数学思想和数学方法，如函数思想、方程思想、数形结合等。

数学素养。学生需要理解数学的重要性和应用价值，培养对数学的积极态度和兴趣。同时，也需要理解并掌握基本的数学文化背景和历史渊源，能够欣赏数学的魅力。

在具体的能力目标分析中，技术可以提供以下的支持：

运算能力。可以使用各种教育软件和在线平台提供的练习题和模拟测试，帮助学生提高运算速度和准确性，同时教师通过数据分析，了解学生的弱点并进行有针对性的训练。

几何直观和空间观念。利用虚拟现实（VR）和增强现实（AR）技术，学生可以在三维空间中直观地理解和操作几何图形，这对于提高学生的几何直观和空间观念非常有帮助。

推理能力。可以运用在线讨论平台和合作学习工具，让学生参与到问题的解决过程中，通过讨论和合作，培养他们的逻辑思维和推理能力。

运用数学知识解决问题的能力。利用各种数字化工具，如编程软件、模拟实验等，让学生在实际问题中运用数学知识，提高他们的问题解决能力。

用数学的眼光观察现实世界，用数学的思维思考现实世界的能力：可以通过数据分析和统计软件，让学生在实际生活中收集和分析数据，培养他们用数学的眼光看世界的能力。

在这个过程中，教师可以根据学生的实际情况，选择最适合的技术工具，进行有针对性的能力分析和培养，具体的能力目标需要根据学生的实际情况和学习需求进行调整和丰富。通过这样的能力目标分析，可以帮助学生更好地掌握数学知识和技能，提高数学应用能力和创新能力。

数据观念和模型观念的培养

让学生理解并掌握数据的收集、处理和解读，以及数学模型的建立和应用。培养学生的数据敏感性和模型意识，使他们能运用数据和模型解决问题。

在数学智慧课堂中，教师可以通过以下方式分析和确定数据观念和模型观念的教学目标：

数据观念的培养。教学目标应包括让学生理解数据的重要性，掌握数据的收集、整理和解读技巧。例如，教师可以设计一些基于真实场景的项目，让学生自己动手收集和处理数据，通过实践来提高他们的数据敏感性。同时，教师还可以通过专门的课程或工作坊，教授学生如何使用各种数据分析工具，如 Excel、SPSS 等。

模型观念的培养。教学目标应包括让学生了解什么是数学模型，以及如何建立和应用数学模型。例如，教师可以通过讲解和示范，展示数学模型在解决实际问题中的重要作用，从而激发学生的模型意识。此外，教师还可以组织一些基于问题解决的活动，让学生在实践中锻炼建立和应用模型的能力。

整合数据观念和模型观念。教学目标应包括让学生理解和掌握如何运用数据和模型共同解决问题。例如，教师可以设计一些综合性的项目，让学生在项目中同时运用数据处理和模型建立的技巧，提高他们的综合问题解决能力。

在智慧课堂中，教师可以利用数字化工具和在线资源，如数据分析软件、在线数据库、虚拟实验室等，提供丰富的学习材料和实践机会，帮助学生达成这些教学目标。

应用意识和创新意识的培养

应用意识和创新意识的培养有助于学生在实际生活和学习中更好地运用所学数学知识，提高他们的解决问题能力和创新能力。同时，这两个方面的培养也符合新时代背景下对人才的需求，有助于提高学生的综合素质和未来的竞争力。因此，在设计教学目标时要考虑对学生应用意识和创新意识的培养。

培养学生的应用意识，使他们能将所学数学知识应用到实际生活和学习中。在设计教学目标时要确保学生能够理解和掌握所学的数学知识，分析、推理、计算和解决实际问题。

同时，培养学生的创新意识，鼓励他们在学习过程中主动发现新的问题，提出新的观点，创造新的方法。具体而言，学生应该能够独立思考、积极探究、勇于创新，并能够与他人进行合作交流，共同解决问题。

为了更好地培养学生的应用意识和创新意识，教学目标设计时需要细化为以下具体教学目标：

1. 应用意识的培养

（1）理解数学知识在实际生活中的应用价值。

数学作为一门应用性极强的学科，其知识体系广泛应用于各个领域。学生需要认识到数学知识与实际问题的密切联系，理解数学知识的应用价值。通过案例分析、实际问题解决等方式，教师可以帮助学生了解数学知识在实际生活中的应用情况，从而培养学生的应用意识。

（2）掌握应用数学知识解决实际问题的技巧和方法。

学生需要掌握应用数学知识解决实际问题的技巧和方法。通过针对性的训练和实例解析，教师可以帮助学生掌握运用数学知识解决实际问题的方法，提高他们解决实际问题的能力。

（3）意识到应用数学知识解决实际问题时需要注意的问题和局限性。

教师需要帮助学生意识到应用数学知识解决实际问题时，需要注意一些可能的问题和局限性，并指导他们如何避免或解决这些问题，提高学生对实际问题的认识和分析能力。

（4）培养应用意识，将数学思维运用到实际生活和学习中。

应用意识的培养是将数学思维运用到实际生活和学习中的关键。学生需要认识到数学知识与实际问题的联系，并理解数学在解决实际问题中的应用价值。

以下方法可以帮助教师在教学目标设计中培养学生的应用意识。

将数学知识与实际生活情境联系起来，让学生感受到数学在生活中的实际应用。例如，在教授几何图形时，引入生活中的几何图形实例，如篮球、桌子、瓶子等，让学生感受到几何图形的应用价值。

设计实际问题或场景，让学生运用数学知识进行探究和解决。例如，在教授概率统计时，引入实际问题，如天气预报、股票价格等，让学生运用概率统计知识进行分析和预测。

组织实践活动，让学生通过动手操作、实验等方式体验数学在解决实际问题中的应用。例如，在教授平面几何时，组织实践活动，让学生通过测量计算建筑物的高度、角度等。

引入实际案例，让学生分析并运用数学知识解决实际问题。例如，在教授函数时，引入实际案例，如人口增长、银行利率等，让学生运用函数知识进行分析和预测。

通过以上方法，教师可以帮助学生培养应用意识，将数学思维运用到实际生活和学习中。通过不断的应用和实践，学生可以逐渐提高对实际问题的认识和分析能力，从而促进他们的全面发展。

2.创新意识的培养

（1）培养独立思考的能力，鼓励学生敢于对问题进行质疑和探究。

培养学生的创新意识，教师首先需要培养他们的独立思考能力。学生需要敢于对问题进行质疑和探究，不拘泥于传统的思维模式。通过开放性问题、探究性问题等设计，教师可以鼓励学生独立思考和创新思维，从而培养他们的创新意识。

（2）激发创新思维，鼓励学生提出新颖、独特的观点和方法。

创新思维是创新意识的灵魂。教师需要激发学生的创新思维，鼓励他们提出新颖、独特的观点和方法。这可以通过组织小组讨论、合作学习等方式来实现。在互相交流和学习中，学生可以受到启发，产生新的想法和观点。

（3）提高创新能力，通过实践活动等方式，让学生体验创新的乐趣和价值。

创新能力是创新意识的核心。教师可以通过数学建模、开展数学竞赛、项目制学习等方式，让学生在实践中体验创新的乐趣和价值，提高创新能力。

（4）培养创新意识，让学生在不断探究和创新的过程中提高自身的综合素质和竞争力。

创新意识的培养是教学目标设计中的重要内容之一。教师可以通过以下方法在教学目标设计中培养创新意识。

设计开放性问题，让学生从不同角度思考和解决问题。例如，在教授排列组合时，通过设计问题，鼓励学生用不同的方法计算排列数或组合数，激发他们的创新思维。

设计探究性问题，通过探究和发现的过程来培养学生创新意识。例如，在教授不等式时，设计问题，让学生探究不等式的性质及其证明方法。这样可以鼓励学生通过自主探究和发现，培养创新意识。

组织实践活动，让学生通过动手操作、实验等方式体验创新的乐趣和价值。例如，在教授平面几何时，组织实践活动，让学生自行设计并制作几何模型。这样可以让学生在实践中尝试创新，培养创新意识。

在教学中鼓励学生进行创新思维，让他们敢于尝试不同的方法和思路。例如，在讲解数学问题时，引导学生思考其他可能的解法，或者让他们尝试对问题进行改编或推广。这样可以培养学生的创新思维，鼓励他们进行创新尝试。

尊重学生的个性差异，鼓励他们按照自己的方式进行学习。例如，在布置作业时，设计不同难度和类型的题目，让学生根据自己的兴趣和能力进行选择。这样可以让学生在个性化的学习中发挥自己的优势，培养创新意识。

通过以上方法，教师可以帮助学生培养创新意识。学生在不断尝试和创新的过程中，提高自身的综合素质和未来的竞争力。这不仅有助于学生在数学领域取得更好的成绩和发展，也有助于他们在未来的学习和工作中更好地发挥自己的优势。

情感目标分析

设计教学目标应明确学生需要培养的情感态度和价值观，如对数学的兴趣、自信心、科学精神等。通过创设情境，引发学生的学习兴趣，激发他们的学习动力，培养他们的自信心。

将情感目标分析细化，可以划分为以下三个教学目标：

1.培养学生对数学的兴趣和热爱

让学生感受到数学的美和实用性：通过引入生活中的数学案例和应用，让学生了解数学在生活中的实际应用和美感，从而引发他们对数学的兴趣和好奇心。

创造积极的学习氛围：通过创设有趣的数学问题、游戏和挑战，让学生在轻松愉快的学习氛围中体验数学的乐趣，激发他们对数学的好奇心和求知欲。

鼓励学生参与数学活动：通过组织数学活动、竞赛和探究，鼓励学生积极参与其中，让他们感受到自己在数学学习中的主体性和参与感。

2. 培养学生的自信心和积极心态

设计难度适宜的题目和任务：根据学生的实际能力和需求，设计难度适宜的数学题目和任务，让学生通过努力能够完成并取得成功，从而增强他们的自信心和学习动力。

给予及时的反馈和鼓励：在学生学习过程中，及时给予反馈和鼓励，帮助他们认识到自己的进步和成就，从而增强他们的自信心和学习动力。

引导学生积极面对挑战：通过引导学生积极面对数学学习中的挑战和困难，培养他们积极的心态和乐观的情感态度。

3. 培养学生的科学精神和社会责任感

培养科学精神和创新能力：通过引导学生进行自主探究和合作交流，让他们在解决问题的过程中体验科学的探究方法，培养他们的科学精神和创新能力。

结合数学问题培养社会责任感：通过将数学问题与现实社会相结合，让学生了解数学在社会发展中的作用和意义，培养他们的社会责任感和公民意识。例如，在教授统计学时，可以引入环境、社会问题等案例，让学生运用统计学知识分析并理解其中的问题。

培养学生的批判性思维：通过引导学生对数学问题进行分析、质疑和反思，培养他们的批判性思维和独立思考能力。同时也可以让他们理解科学精神和社会责任感的内在联系。

培养学生的团队合作精神：通过组织小组学习和讨论，鼓励学生之间合作交流、互相学习，培养他们的团队合作精神和社会责任感。例如，可以组织一些小组项目或者研究性学习活动，让学生通过团队合作解决实际问题。

培养学生的公民意识：通过引导学生了解数学在民主、经济、科技发展等方面的应用价值，培养他们的公民意识和社会责任感。例如，可以引入一些社会热点问题，让学生运用数学知识进行分析并提出自己的见解和建议。

假设我们要设计一个以"相交线和平行线性质"为主题的初中数学智慧课堂。

知识目标分析：学生需要掌握相交线和平行线的基本概念、性质及其证明方法。这些都是具体的知识目标。

能力目标分析：此课程需要培养学生的抽象能力，通过观察和分析现实中的现象，让他们能将现实问题抽象为数学问题。例如，通过观察交通路口的相交线和平行线，理解相交线和平行线的概念。同时，也要培养他们的几何直观、空间观念和推理能力，让他们能通过画图和推理来理解和证明相交线和平行线的性质。

数据观念和模型观念的培养：在讨论平行线和相交线的性质时，引导学生注意到角度的变化，让他们理解并掌握角度的测量和计算方法，培养他们的数据观念。同时，也要让他们学会如何通过数学模型来描述现实世界，例如，如何用直线方程来描述平行线和相交线。

应用意识和创新意识的培养：引导学生将所学的相交线和平行线的性质应用到实际问题中，例如，让他们利用所学知识来解决交通路口的设计问题，培养他们的应用意识。同时，鼓励他们去探索和发现新的问题，提出新的观点，创造新的方法。

情感目标分析：教师为学生创设一个轻松、和谐的学习环境，激发他们对课程学习的兴趣，培养他们的自信心。

教学目标确定：基于以上的分析，我们可以确定此课程的教学目标为：学生能理解和掌握相交线和平行线的基本概念、性质及其证明方法，能将所学知识应用到解决实际问题中，并能以数学的眼光观察现实世界，以数学的思维思考现实世界。同时，也要培养他们的情感态度和价值观，让他们对学习数学产生兴趣，培养自信心。

结合技术支持，可以将上面案例再进一步明确。

知识理解和运用：学生能通过数字化媒体理解和掌握相交线和平行线的基本概念、性质及其证明方法，并能将这些知识应用在解决实际问题中。

技能提升：学生能够使用数学软件进行模拟和实验，提高他们的抽象思维能力、几何直观和推理能力。

数据观念和模型观念的培养：通过使用数据分析工具，学生能够注意到角度的变化，理解并掌握角度的测量和计算方法，同时了解如何使用数学模型来描述现实世界。

应用意识和创新能力的培养：在在线教育平台上，学生能够分享他们将所学的相交线和平行线的性质应用到生活中的实例，并鼓励他们探索并提出新的观点和解决方法。

情感态度和价值观：通过创设一个和谐、积极的在线学习环境，激发学生对数学学习的兴趣，培养他们的自信心和持之以恒的学习态度。

自主学习能力：利用人工智能技术，提供个性化的学习路径和反馈，鼓励学生自主学习，提高自主学习能力。

通过以上技术支持的教学目标，学生能够在智慧课堂中积极主动地学习，深化对相交线和平行线性质的理解，提高他们的思维能力和创新力，并培养积极的情感态度和自主学习能力。

6.2.4 教学任务设计

教学任务设计概述

数学智慧课堂的教学任务设计是指在教学活动中，通过设置具有针对性、实际性和探究性的任务，引导学生主动参与、合作探究、创新实践并发现问题、解决问题的一种教学设计方式。这种教学设计方式强调学生的主体地位，充分发挥学生的主观能动性，让学生在完成任务的过程中获得知识和技能，同时培养他们的创新意识和实践能力。数学智慧课堂的教学任务设计正逐渐成为培养学生创新思维和实践能力的重要手段。

教学任务设计的内容

数学智慧课堂的教学任务设计主要包括以下内容：

1. 情境创设

数学智慧课堂的教学任务设计是数学教学中的关键环节，旨在激发学生的学习兴趣、好奇心和探究欲望，促进对知识的理解和应用。其中，情境创设是教学任务设计的重要组成部分，通过创设与生活相关的实例、历史上的数学问题、趣味数学故事等情境，引导学生进入任务，促进学生的积极参与和思考。

情境创设要具有针对性和实际性，能够引起学生的共鸣，让他们感受到数学知识的实际应用价值。例如，可以通过创设与生活相关的实例来引导学生理解数学概念和原理，如利用银行利率、股票涨跌等实例来解释概率和统计的概念；或者通过历史上的数学问题来引导学生探究数学思想和方法的演变，如利用古希腊数学家毕达哥拉斯的定理来探究勾股定理的应用。

在情境创设的过程中，需要注意以下几点：

（1）情境创设要紧扣教学目标和教学内容，能够帮助学生理解和掌握数学知识。

（2）情境创设要具有趣味性和吸引力，能够引起学生的兴趣和好奇心，激发他们的探究欲望。

（3）情境创设要具有实际性和针对性，能够让学生感受到数学知识的实际应用价值，促进知识的应用和实践。

（4）情境创设可以采用多种形式，如多媒体演示、实验探究、角色扮演等，丰富学生参与学习过程的体验。

2. 发现问题

数学智慧课堂的教学任务设计中，引导学生发现问题、提出问题并尝试解决问题非常重要，通过创设与生活相关的实例、历史上的数学问题、趣味数学故事等情境，可以引导学生从情境中发现问题，激发他们的好奇心和探究欲望。

发现问题的重要性在于，可以促使学生主动思考和探索，让学生带着疑问和好奇心去学习数学知识，从而提高学习效果。问题包括与数学知识相关的实际问题、探究性问题、开放性问题等，这些问题能够激发学生的思维活跃性和创造力，促进他们的思维发展。

发现问题作为教学任务设计的核心环节，问题应当具有探究性和挑战性，从而能够引发学生的好奇心和求知欲，促使他们积极思考并开展研究。以下是一则具体案例：

在数学课堂上，教师引导学生们参观一个公园的规划模型。在这个模型中，学生可以看到不同形状和大小的草坪、湖泊、道路等元素。教师可以通过提问的方式引导学生发现问题。例如，“这个公园的草坪为什么形状如此独特？”“我们如何计算这个湖泊的面积？”“这个公园的景观如何通过数学方式进行优化？”

通过这些问题，学生们可以发现与数学知识相关的实际问题。他们需要运用所学的数学概念和技巧来探究、分析和解决问题。这种具有探究性和挑战性的问题可以激发学生的思维活跃性和创造力，促使他们积极思考并开展研究。

再例如，在一次函数的教学中，教师可以通过以下步骤来引导学生发现问题。

创设情境：利用多媒体展示一些一次函数的图像，让学生观察并思考这些图像的特点。

发现问题：引导学生发现一次函数的图像是一条直线，当自变量 x 增大时，函数值 y 也增大。提出问题：为什么一次函数的图像是一条直线？为什么当自变量 x 增大时，函数值 y 也增大？

尝试解决问题：让学生通过描点、连线等方式进行实验探究，发现一次函数的性质。

总结归纳：让学生总结一次函数的性质，并用数学语言表述。

通过以上案例，可以发现，引导学生发现问题、提出问题和尝试解决问题，能够培养学生的探究思维和解决问题的能力，同时也能够提高教学效果和学习效果。

在教学设计环节中，引导学生发现问题需要注意以下几点：

（1）问题的提出要紧扣教学目标和教学内容，能够帮助学生理解和掌握数学知识。

（2）问题的提出要具有探究性和挑战性，能够激发学生的思维活跃性和创造力。

（3）问题的提出可以采用多种形式，如提问、讨论、实验等，让学生通过多种方式参与学习过程。

除了发现问题之外，解决问题也是数学智慧课堂的重要环节。当学生发现问题后，他们需要尝试去解决这个问题。在解决问题的过程中，学生需要运用所学的数学知识进行分析、推理和计算，从而找到解决问题的方案。

在解决问题的过程中，学生们可以采取合作学习和自主探究的方式。他们可以通过小组讨论、互动交流等方式共同解决问题。教师也可以给予适当的指导和帮助，引导学生们找到正确的解决方案。

通过这种发现问题、提出问题并尝试解决问题的方式，学生们可以更好地理解和应用数学知识。他们可以感受到数学知识的实际应用价值，提高学习效果的同时也培养了自主学习和解决问题的能力。

3. 合作探究

在传统的数学课堂教学中，教师通常以讲解和演示为主，而学生则主要是听讲和模仿。这种教学方式虽然能够让学生掌握一定的数学知识，但却难以激发他们的学习兴趣和探究欲望。随着教育技术的不断发展和应用，数学智慧课堂以培养学生数学核心素养为目标，通过多元化的教学方式和手段，引导学生主动探究、合作交流、实践应用。在数学智慧课堂中，合作探究扮演着至关重要的角色。

在数学智慧课堂的教学任务设计中，合作探究的重要性不言而喻。通过组织学生进行小组讨论和合作探究等活动，能够促进学生的互动和合作，培养他们的探究能力和创新思维，促进情感交流和人格发展。因此，在数学教学设计中，教师应该设计组织学生进行合作探究等活动，以促进学生的全面发展。

下面结合具体案例来说明教学设计如何组织学生合作探究。

案例：平行四边形的性质探究

在平行四边形的教学设计中，教师可以通过以下步骤来组织学生进行小组讨论和合作探究：

创设情境：利用多媒体展示一些平行四边形的图片，让学生观察并思考这些平行四边形的特点。

提出问题：平行四边形有哪些性质？让学生分组讨论，并记录讨论结果。

合作探究：让学生利用各种工具（如直尺、三角尺等）探究平行四边形的性质，并进行小组汇报和交流。

总结归纳：让学生总结平行四边形的性质，并用数学语言表述。

通过以上案例，可以发现合作探究能够促进学生的互动和合作，让学生在小组讨论和探究中解决问题并获得数学知识。同时，合作探究也能够培养学生的团队合作意识和沟通能力，提高教学效果和学习效果。

在合作探究的过程中，教师需要注意以下几点：

分组要合理：要根据学生的特点和需求进行分组，让每个小组都有不同层次的学生，以促进互相学习和帮助。

任务要明确：要明确探究的任务和目标，让学生有目的地进行探究和讨论。

引导要及时：要及时给予学生指导和帮助，引导学生正确地进行探究和讨论。

总结要到位：要让学生对探究结果进行总结和归纳，并用数学语言表述。

4. 创新实践

创新实践是数学智慧课堂教学设计中的核心环节之一，通过设计数学实验、制作几何模型、开展数字游戏和编程等活动，让学生在实践中培养创新意识、提高创新能力。创新实践要具有趣味性和实践性，能够激发学生的创新思维和实践能力。

首先，创新实践需要从实际生活中引入数学问题。教师可以通过引用实际生活中的例子，让学生能够将数学知识与实际问题联系起来，从而激发学生的学习兴趣和好奇心。例如，通过讨论实际生活中的购物、建筑、旅行等问题，引入数学概念和方法，让学生理解数学的应用和意义。

其次，创新实践需要鼓励学生进行探究和独立思考。教师可以设计开放性的问题，让学生根据自己的兴趣和思考，提出解决问题的方法和策略。通过这种方式，学生能够培养自主学习的能力，激发创新思维和解决问题的能力。

再次，创新实践需要注重合作与交流。教师可以组织学生进行小组讨论和合作，让他们分享彼此的思考和解决问题的方法。通过合作与交流，学生能够相互借鉴和启发，拓宽自己的思维和视野。同时，教师也可以通过学生的展示和总结，引导他们对创新实践进行思考和反思。

最后，创新实践需要关注学生的成长和发展。教师在教学设计时要设计对学生作品和解决问题的过程的评价和反馈，帮助他们发现自己的优点和不足，进一步提高创新能力和问题解决能力。同时，教师应鼓励学生保持对数学的热爱和持续学习的动力。

案例：利用相似三角形的性质测高

教学设计过程：

导入：通过实际生活中的例子，引起学生对相似三角形的兴趣和好奇心。

知识讲解：介绍相似三角形的定义、性质和应用领域。

创新实践任务设计：

（1）分组讨论：学生分组，每组选择一个具体的实际问题，例如测量一个高楼的高度。由于无法直接测量，学生需要利用相似三角形的性质来求解。

（2）解决方案设计：学生在小组中讨论并设计出解决方案，包括确定相似三角形的关系，并建立高度和长度比例方程。

（3）实践操作：学生根据所设计的方案，进行实际测量并求解高楼的高度。

（4）结果比较和讨论：学生在小组中进行结果比较和讨论，分析不同解决方案的优缺点，并分享彼此的思考过程。

（5）展示和总结：学生向全班展示他们的解决方案和计算过程，并进行总结和归纳。

反思：让学生思考创新实践对他们的学习和成长的影响，以及如何将创新思维运用到其他数学问题中。

通过这个创新实践任务设计，学生能够学习到相似三角形中长度比例的求解方法，同时培养解决实际问题的能力和创新思维。学生在实践中需要灵活运用相似三角形的性质，提高几何推理和问题解决能力。此外，学生在小组中的合作和交流能力也得到了锻炼。

5. 评价反思

数学智慧课堂的教学设计不仅要注重学生的学习过程和成果，还需要关注学生的评价反思。评价反思是帮助学生了解自己在数学学习中的不足之处和提升空间，发现问题并尝试新方法，培养他们的批判性思维和创新意识。

数学智慧课堂教学设计中设计让学生进行评价反思可以通过以下几方面进行：

设计问题解决过程的探究性任务：教师可以设计一系列的探究性任务，让学生在解决问题的过程中进行评价反思。任务包括开放性问题、多解法问题或者需要学生提出问题的任务等。学生在解决问题的过程中可以通过自我评价和反思，发现问题的关键点和解题思路的优劣，并提出改进的方向。

引导学生进行自我评价和反思：教师可以在教学过程中引导学生进行自我评价和反思。例如，在学生完成一道题目后，可以让他们思考自己的解题过程，分析其中的错误和不足之处，并尝试寻找改进的方法。教师可以提出一些具有指导性的问题，引导学生深入思考和反思。

提供同伴评价和合作反思的机会：教师可以组织学生进行小组讨论和合作，让他们互相评价和反思。学生可以在小组中互相分享自己的解题过程和策略，并给予同伴积极的反馈和建议。通过合作与交流，学生能够相互借鉴和启发，拓宽自己的思维和视野。

设计反馈和评价工具：教师可以设计相应的反馈和评价工具，帮助学生进行评价反思。例如，可以设计一份自我评价表或者同伴评价表，学生可以根据一定的标准对自己或者同伴的学习进行评价和反思。教师可以根据学生的评价结果给予进一步的指导和建议。

鼓励学生进行反思总结：教师可以鼓励学生在课堂结束时进行反思总结。学生可以回顾整个学习过程，总结自己的收获和不足之处，并明确进一步改进的方向。教师可以通过课堂讨论或者个别指导的方式与学生进行反思总结的交流。

评价反思是数学智慧课堂教学设计中不可或缺的环节，它能够帮助学生发现问题、提升自我、培养批判性思维和创新意识。教师在教学设计中应注重设计问题解决过程的探究性任务、引导学生进行自我评价和反思、提供同伴评价和合作反思的机会、设计反馈和评价工具以及鼓励学生进行反思总结。通过这样的评价反思设计，教师可以培养出更具创新力和问题解决能力的学生，为他们的数学学习和未来发展打下坚实的基础。

教学任务设计的原则

数学智慧课堂的教学任务设计应从价值性、大单元、层进性和跨学科方面进行考虑和应用。通过合理的设计和实施，可以帮助学生更好地掌握知识和技能，提高他们的学习效果和学习动力，为未来的发展奠定基础。

1. 价值性

教学任务设计的目的在于实现数学智慧课堂的价值，即激发学生的学习兴趣，培养学生的创新思维和实践能力，提高他们的学习效果和学习动力，促进学生的全面发展。通过创设富有互动性和创新性的学习环境，引导学生主动参与、合作探究、创新实践并发现问题、解决问题。

激发学生的兴趣和动机：教学任务设计应根据学生的兴趣和需求进行，激发学生的学习兴趣。通过设计富有挑战性和创新性的任务，让学生感到学习数学是有趣和有意义的。这样可以增强学生的主动性和积极性，提高他们的学习效果。

培养学生的创新思维：教学任务设计应注重学生创新思维的培养。通过问题解决、探究性学习和合作探讨等方式，激发学生的创新思维和创造力，培养他们的问题识别、分析和解决问题的能力。

促进学生的实践能力：教学任务设计应注重培养学生的实践能力。通过实际应用、模拟实验和项目实践等方式，让学生将所学的数学知识和技能应用到实际生活中，培养他们的解决实际问题的能力。这样可以提高学生的动手能力和实践能力，使他们的学习更具实效性和可持续性。

培养学生的合作与交流能力：教学任务设计应注重培养学生的合作与交流能力。通过小组合作、同伴互助和课堂讨论等方式，让学生学会与他人合作、交流，培养他们的团队精神和沟通能力。

培养学生的批判性思维和创新意识：教学任务设计应注重培养学生的批判性思维和创新意识。通过设计具有挑战性和开放性的问题，激发学生的思辨、分析和创新能力，培养他们的批判性思维和创新意识。这样可以培养学生的独立思考和创新能力，使他们成为具有创造力和创新精神的学习者。

教学设计原则中的价值性方面要注重培养学生的创新思维和实践能力，促进他们的全面发展。通过引发学生的兴趣和动机、培养创新思维、促进实践能力、培养合作与交流能力以及培养批判性思维和创新意识，可以帮助学生更好地掌握知识和技能，提高他们的学习效果和学习动力，为未来的发展奠定基础。

2. 大单元

教学任务设计应基于大单元的概念进行设计。大单元是指将学科知识体系中的相关内容整合成一个相对独立的学习单元，以实现学生完整掌握知识和技能的目标。在教学任务设计中，教师应根据学生的实际情况和学科特点，合理划分大单元，设计具有针对性和实际性的任务，让学生在完成任务的过程中掌握大单元的知识和技能。

在数学智慧课堂的教学设计中，大单元的概念是一个重要的指导原则。以下是教学设计原则中的大单元概念方面的内容：

整合相关内容：教学任务设计应将学科知识体系中的相关内容整合成一个

相对独立的学习单元。通过整合相关的知识和技能，可以帮助学生更好地理解和掌握数学的核心概念和方法。例如，在教授几何学的时候，可以将点、线、面等相关的概念和定理整合在一起，形成一个几何学的大单元。

设计针对性任务：教学任务设计应针对大单元的学习目标和学生的实际情况设计任务。通过设计具有针对性的任务，可以帮助学生在解决问题的过程中掌握大单元的知识和技能。例如，在几何学的大单元中，可以设计一系列的几何问题，要求学生运用所学的知识和技能进行解答和证明。

强调实践性应用：教学任务设计应强调大单元知识和技能的实践性应用。通过实际应用的方式，让学生将所学的知识和技能应用到实际生活中，培养他们解决实际问题的能力。例如，在统计学的大单元中，可以设计一个调查项目，要求学生设计问卷、收集数据并进行统计分析。

提供资源和支持：教学任务设计应提供适当的资源和支持，帮助学生更好地完成任务。通过提供参考资料、引导学生查找相关信息和资源，可以帮助学生深入了解大单元的知识和技能。例如，在代数学的大单元中，可以提供一些代数表达式的例子和练习，帮助学生理解和掌握代数运算的规律。

强调综合性评价：教学任务设计应强调对学生在大单元学习中综合能力的评价。通过设计综合性的评价任务，可以评估学生在解决问题、探究和应用方面的能力。例如，在大单元学习结束后，可以设计一个综合性的项目，要求学生运用所学的知识和技能解决一个实际问题。

教学设计原则中的大单元概念注重将学科知识整合成一个相对独立的学习单元，通过设计针对性任务、强调实践性应用、提供资源和支持以及强调综合性评价，可以帮助学生更好地掌握大单元的知识和技能。

案例：大单元主题：平行四边形

学习目标：

（1）掌握平行四边形的定义特征。

（2）掌握平行四边形的性质和判定。

（3）运用平行四边形的性质和判定解决实际问题。

教学任务设计：

任务一：平行四边形的定义、特征和判定（5课时）

学生通过观察和探究，了解平行四边形的定义和特征，如对边平行且相等、两条对角线互相平分等，探究平行四边形的判定定理。

学生通过练习题巩固所学的平行四边形的性质和判定，并运用这些性质和判定方法进行涉及平行四边形的证明及相关计算。

任务二：平行四边形的计算与运用（2课时）

学生学习如何计算平行四边形的面积，包括基本公式和特殊情况的计算。

学生学习如何应用平行四边形的性质解决实际问题，如计算房间的地板面积、设计包装盒等。

任务三：平行四边形的运算与应用（2课时）

学生学习平行四边形的平移、旋转和翻转操作，并应用这些操作解决实际问题，如设计平行四边形的图案、解决建筑设计中的布局问题等。

学生通过练习题和实际问题练习平行四边形的运算和应用。

任务四：复习和评估（2课时）

学生进行复习和巩固，回顾所学的平行四边形的性质、判定和相关计算和证明。

学生参加小组活动和课堂竞赛，通过解决问题和答题来评估所学的知识和技能。

教学资源和支持：

教师提供教学课件和练习题，以帮助学生理解和掌握平行四边形的性质、判定和运算规则。

教师引导学生使用几何工具、几何画板进行实际操作。

教师提供实际问题和案例，帮助学生将所学的知识和技能应用到实际生活中。

综合评价：

学生完成大单元的综合性项目，如设计一个公园的平行四边形草坪区域，要求计算草坪的面积、判定草坪是否为平行四边形，并运用平行四边形的性质设计公园的道路和设施。

学生进行大单元的自评和互评，评估自己在平行四边形的性质和运算方面的掌握程度，并提出改进和提高的建议。

3. 层进性

教学任务设计应具有层进性。层进性是指在设计教学任务时，应根据学生的认知规律和实际需求，由浅入深、由易到难地设计任务，以帮助学生逐步掌握知识和技能。通过设计具有层进性的任务，可以引导学生逐步深入探究学科知识，提高他们的学习效果和学习能力。

在教学任务设计时要注意：

（1）教学任务设计要有渐进性。

将教学内容划分为多个层次，每个层次都有一定的难度和复杂度，学生需要逐步掌握前一层次的知识和技能，才能顺利进行下一层次的学习。

渐进性的教学任务设计是为了帮助学生逐步掌握知识和技能，从而提高他们的学习效果和学习能力。在设计教学任务时，可以通过以下方式拓展和丰富内容。

增加难度和复杂度：在每个层次的任务中，逐步增加难度和复杂度，使学生能够逐步挑战更高水平的问题。例如，在分数的加减运算中，可以增加分数的个数和分子分母的数值，让学生处理更复杂的分数运算。

引入新的概念和技能：在学生掌握了前一层次的知识和技能后，可以引入新的概念和技能，加深和拓展学生对知识的理解，对技能的掌握。例如，在分数的乘除法运算中，可以引入分数的倒数和乘除法的规则，让学生学会更复杂的分数运算。

提供更多的练习和应用：在每个层次的任务中，提供更多的练习题和实际问题，让学生有更多的机会应用所学的知识和技能。通过练习和应用，巩固和深化学生对知识与技能的理解与掌握，同时培养他们的问题解决能力。

拓展应用领域：将所学的知识和技能应用到更广泛的领域中，让学生看到数学在实际生活中的应用和意义。例如，在分式的应用中，可以引导学生解决比例问题、商业问题等，培养他们的数学建模能力。

案例： 代数式

任务一：代数式的定义和化简（初级层次）

学生通过观察和探究，了解代数式的定义和基本形式，如多项式、一次项、常数项等。

学生通过练习题巩固所学的代数式的化简方法，如合并同类项、提取公因式等。

任务二：代数式的运算（中级层次）

学生学习代数式的加法、减法、乘法和除法运算规则。

学生通过练习题和实际问题练习代数式的运算，如解决物体的运动问题、计算多项式的值等。

任务三：代数式的应用（高级层次）

学生学习如何应用代数式解决实际问题，如建立方程模型、解决几何问题等。

学生通过练习题和实际问题练习代数式的应用，如解决消费问题、解决图形的面积和周长问题等。

通过以上层进性的教学设计，可以使教学任务更加丰富且具有挑战性，同时可以帮助学生逐步掌握知识和技能，提高他们的代数思维能力和问题解决能力。

（2）教学任务设计要有步骤性。

分解为多个具体的步骤：将复杂的学习任务分解为多个简单的步骤，以便学生能够逐步理解和掌握。

按照一定的顺序进行：根据学习任务的难度和复杂度，合理确定步骤的顺序，确保学生能够逐步建立起知识架构。

难度和复杂度逐渐增加：每个步骤的难度和复杂度应逐渐增加，以帮助学生逐步提高数学能力。

引导学生探究和发现规律：在每个步骤中，要充分引导学生通过观察和探究来发现规律和规则，培养学生的探究精神和自主学习能力。

练习和应用知识和技能：每个步骤都应包含一定的练习和应用，以帮助学生巩固和运用所学的知识和技能。

案例：一元一次方程的分步骤教学设计

引入一元一次方程的概念：通过实例引导学生观察和探究代数方程，如 $2x+3=7$。引导学生发现一元一次方程的含义和解法。

练习一步方程的解法，如 $x+2=7$，$3y=9$。

练习两步方程的解法，如 $3x+2=8$，$4y-5=7$ 等。通过练习，让学生熟练掌握两步方程的解法。

引入多步方程的概念，帮助学生理解多步方程的解法思路。

练习多步方程的解法，如 $2(x+5)=7$，$3(y-2)+4=10$ 等，帮助学生巩固多步方程的解法。

给学生一些综合练习题，让他们综合运用各种一元一次方程的解法进行解题。

注意事项：

在每个步骤中，要充分引导学生通过观察和探究来发现规律和规则，培养学生的探究精神和自主学习能力。

给学生足够的练习机会，让学生熟练掌握每个步骤的解法。

鼓励学生提出问题和解决问题的方案，促进学生批判性思维和创造性思维发展。

给予学生及时的反馈和指导，纠正学生错误，帮助其提高解题能力。

考虑学生的不同学习能力和兴趣，根据需要进行个别化的辅导和指导。

6. 演绎推理

演绎推理是一种重要的数学思维方式，在初中数学教学中具有重要的意义。在教学设计中，我们可以通过观察、比较等方式，引导学生从已知的知识和技能中推导出新的知识和技能。通过演绎推理的过程，学生可以深入理解和运用所学的知识，提高他们的思维能力和解决问题的能力。在教学设计中，需要遵循一定的原则，如引入已知的知识和技能、观察和比较已知的知识和技能、类比和推理出新的知识和技能、运用新的知识和技能、练习和巩固知识和技能等。

在教学设计中，首先要引入已知的知识和技能，让学生对这些知识和技能有一个清晰的认识。

通过观察和比较已知的知识和技能，帮助学生发现其中的共同点和规律。

通过类比和推理的方法，帮助学生从已知的知识和技能中推导出新的知识和技能。

将新的知识和技能应用到实际问题中，帮助学生进一步理解和运用所学的知识。

给学生足够的练习机会，让他们熟练掌握所学的知识和技能。

案例：等式的性质的演绎推理教学设计

以等式的性质为例，我们可以按照以下步骤进行演绎推理的教学设计：

通过实例引导学生观察和比较等式的性质，如 $a = b$，则 $a + c = b + c$，引导学生发现等式的性质和规律。

给学生练习题，如 $2x = 3x$，则 $2x + 4 = 3x + 4$，让学生熟练掌握等式的性质。

引导学生观察和比较不同的等式，如 $2x = 3x$ 和 $3x = 4x$，则 $2x + 4 = 3x + 4 = 4x + 4$，帮助学生推理出新的等式的性质。

将新的等式的性质应用到实际问题中，如解方程 $2x + 4 = 4x + 4$，帮助学生理解和运用新的等式的性质。

给学生足够的练习机会，让他们熟练掌握等式的性质和运用。

注意事项：

在每个步骤中，要充分引导学生通过观察和比较来发现规律和规则，培养学生的观察力和分析能力。

在类比和推理的过程中，要引导学生进行逻辑思考和推理，培养学生的演绎推理能力。

在运用新的知识和技能时，要帮助学生理解其实际意义和应用场景，激发学生的学习兴趣和学习动力。

给学生足够的练习机会，让学生熟练掌握所学的知识和技能，同时给予及时的反馈和指导，帮助他们纠正错误、提高解题能力。

鼓励学生提出问题，促进学生的批判性思维和创造性思维发展。

根据学生的不同学习能力和兴趣，进行个别化的辅导和指导，充分发掘学生潜力。

5. 启发式教学

启发式教学是一种重要的教学方法，在初中数学课堂中具有重要的应用价值。通过提出问题、设计情境等方式，激发学生的思维和探究欲望，引导学生主动思考和探索，帮助学生深入理解和运用所学知识。在教学设计时，需要充分引导学生思考和探索，提供支持和反馈，给学生足够的练习机会，并注重培养学生的批判性思维和创造性思维。

在采用启发式教学时，教学设计要注意：

提出问题：通过提出问题，引发学生的思考和探究欲望。问题可以是开放性的，让学生自由思考和表达；也可以是引导性的，帮助学生逐步理解和掌握知识和技能。

设计情境：通过设计情境，让学生将所学的知识和技能应用到实际问题中。情境可以是真实的，让学生感受到数学在生活中的应用；也可以是虚拟的，让学生思考和解决抽象的问题。

引导思考和探索：在问题和情境中，引导学生进行思考和探索，帮助学生主动构建知识和技能。教师可以通过提问、讨论、展示等方式，引导学生思考和探索。

提供支持和反馈：在学生思考和探索的过程中，及时提供支持和反馈，帮助学生纠正错误、提高解题能力。支持可以是教师的指导，也可以是同学之间的合作。

案例：方程的解法的启发式教学应用

以方程的解法为例，我们可以按照以下步骤进行启发式教学的应用：

提出问题：通过提出问题，引发学生对方程的解法的思考和兴趣。问题可以是："如何解方程 $2x+2=20$？""方程的解法有哪些？"等。

设计情境：设计实际的问题情境，让学生将方程的解法应用到实际问题中。例如："小明买了一些苹果，每个苹果 2 元，还买了一个梨子，每个梨子 2 元，共花了 20 元，问小明买了多少个苹果？请用方程解答。"

引导思考和探索：引导学生思考和探索方程的解法。可以通过提问、讨论、展示等方式，帮助学生逐步理解和掌握方程的解法。

提供支持和反馈：在学生思考和探索的过程中，及时提供支持和反馈。可以通过教师的指导、同学之间的合作等方式，帮助学生纠正错误、提高解题能力。

练习和巩固知识和技能：给学生足够的练习机会，让他们熟练掌握方程的解法。可以设计一系列的练习题，包括各种类型的方程和不同难度的问题。

扩展应用：引导学生将所学的方程的解法应用到更复杂的问题中。如购买、工程等领域的方程应用。

注意事项：

在每个步骤中，要充分引导学生思考和探索，避免直接给出答案或解法。让学生通过思考和探索，自主构建知识和技能。

设计情境时，要注意问题的实际意义和生活化，让学生能够理解和感受到数学在生活中的应用。

在引导学生思考和探索的过程中，要注重培养学生的批判性思维和创造性思维。鼓励学生提出问题、探索解决方案，并提供支持和反馈。

给学生足够的练习机会，让他们熟练掌握方程的解法。可以根据学生的不同学习能力和兴趣，提供个别化的辅导和指导。

在教学过程中，要注重学生的情感体验。通过培养学生的兴趣，激发学生的学习欲望和学习主动性。

6. 跨学科

教学任务设计应具有跨学科性。跨学科教学任务的设计是一种整合不同学科知识和技能的教学方法，旨在提高学生的综合素质和实践能力。在数学与语言学的跨学科教学中，可以设计出一些有趣且实践性的任务，让学生在完成任务的过程中综合运用所学知识。

例如，我们可以设计一个跨学科的任务，将数学与语言学相结合，让学生研究和探索词频分布的规律。任务的设计如下：

提出问题：通过提出问题，引发学生对词频分布规律的思考和兴趣。问题可以是“为什么一些词经常出现而其他词很少出现？”“如何用数学方法描述词频分布的规律？”等。

数据收集和分析：学生在任务中收集大量的文本数据，并使用数学方法对数据进行分析和处理。他们可以统计每个词在文本中出现的次数，并绘制词频分布的图表，通过数据分析和图表展示，帮助他们理解词频分布的规律。

综合应用：引导学生将所学的知识和技能应用到实际问题中。例如，让学生利用词频分布的规律，设计一个文本分析工具，可以用来对文本进行自动分类或关键词提取等。

在这个任务中，学生不仅可以学习和应用数学的相关知识，如数据统计和图表分析，还可以学习和应用语言学的相关知识，如词频分布的规律。通过跨学科的教学任务设计，学生可以综合运用所学的知识和技能，提高他们的综合素质和实践能力。

在跨学科教学任务设计中，需要教师有足够的知识和技能，能够将不同学科的知识整合起来，并设计出有趣和实践性的任务。此外，还需要充分考虑学生的能力水平和兴趣特点，注重培养他们的批判性思维和创造性思维，激发他们的学习欲望和主动性。

通过跨学科教学任务的设计和实施，可以提高学生的学习兴趣和学习主动性，培养学生的综合素质和实践能力。同时，也可以增强学生对不同学科之间关系的认识和理解，拓宽学生的学科视野和思维能力。

6.2.5 教学资源选择与设计

教学资源选择与设计是数学智慧课堂教学设计的重要环节，它可以为学生提供丰富多样的学习材料和参考资料，帮助他们更好地理解和掌握数学知识。在选择和设计教学资源时，教师应根据教学内容和学生特点进行合理的选择和安排。同时，教师还应关注教学资源的质量和有效性，确保它们能够真正促进学生的学习和发展。

数字化教材选择与设计

数字化教材是一种以数字形态存在的新型教材，可装载于电子终端阅读，可动态更新内容，可及时记录交互轨迹。数字化教材建设是撬动课堂教学数字化转型、实现优质教育资源共享的基础，重点在于探索新型教材建设标准和知识体系编写规范，研发新型教材互动设计与编辑工具，建设知识图谱、支撑平台和示例教材等，探索基于各种应用场景的数字化教学新模式。

在数字化教材选择与设计过程中，教师应注重以下几个方面。

第一，教师应选择覆盖范围广泛且内容全面的数字化教材。数字化教材应能够全面覆盖所教授的数学知识点，并提供足够的例题和练习题供学生学习练习。教师可以根据教学大纲和学生的学习需求，选择适合的数字化教材，确保其与教学内容相适应。

第二，数字化教材应具备互动性。互动性是数字化教材的一大优势，它可以激发学生的学习兴趣和学习主动性。教材中可以包含交互式的练习题和实时的反馈机制，让学生能够及时检查和订正自己的答案。

第三，数字化教材应利用多媒体资源丰富教学内容。多媒体资源，如图像、视频、动画等，能够帮助学生更加直观地理解和记忆抽象的数学概念和过程。因此，在选择数字化教材时，教师应关注其是否提供丰富多样的多媒体资源，并能够将其与教学内容有机地结合起来。教师可以根据教学需要，选择合适的多媒体资源，并将其融入教材设计中，以提高学生的学习效果。

第四，数字化教材的用户界面应设计简洁、清晰，易于学生操作和导航。

学生应能够方便地找到所需的学习材料。教师在选择数字化教材时，可以事先进行试用和评估，以确保教材的用户界面友好性。

第五，教师还应关注数字化教材的资源更新和维护。数学知识和教学方法都在不断发展和更新，教材也需要及时跟进。因此，在选择数字化教材时，教师应关注教材供应商的持续更新和维护能力，以保证教材的有效性。

第六，在数字化教材选择与设计中，教师还可以根据自己的教学特点和学生的需求，进行一定的定制和个性化设计。例如，教师可以根据学生的学习进度和水平，对教材内容进行调整和扩充，以满足学生的学习需求。教师还可以根据教学目标和学生的兴趣，设计一些拓展性的学习活动，让学生能够主动参与和探索。通过个性化的教学设计，可以更好地满足学生的学习需求，提高学生的学习积极性和学习效果。

此外，教师在数字化教材选择与设计中，应注重教材的质量。教师可以参考教育部门推荐的优质教材资源，或者借鉴其他教师的经验，选择经过验证和评估的数字化教材。教师还可以与同行进行交流和分享，了解其他教师使用的数字化教材的优点和不足，从而更好地选择和设计教材。

多媒体资源选择与设计

多媒体资源在数学智慧课堂教学中起着重要的作用，它能够帮助学生更加直观地理解和记忆抽象的数学概念和过程。在选择和设计多媒体资源时，教师应注意以下几个方面：

第一，教师应根据教学目标和学生的学习需求选择合适的多媒体资源。数学的学习过程中，有些概念和过程是比较抽象的，通过图像、视频、动画等多媒体资源可以将这些抽象概念和过程可视化，使学生更容易理解和记忆。例如，在教授平面几何的时候，教师可以使用动画来展示平行线和垂直线的性质，以帮助学生更好地理解和掌握。

第二，教师应注意多媒体资源的质量和有效性。选择高质量的多媒体资源可以提供更好的学习体验。教师可以参考教育部门推荐的教学资源，或者借鉴其他教师的经验，选择经过验证和评估的多媒体资源。同时，教师还应关注多媒体资源的有效性，即它是否能够帮助课堂教学达到教学目标，是否与教学内容紧密相关。

第三，教师可以根据教学需要，自己制作和设计多媒体资源。制作自己的多媒体资源可以更好地满足自己的教学需求和学生的学习需求。教师可以利用多媒体制作软件，如PPT、视频编辑软件等，将自己的教学内容转化为多媒体形式。制作多媒体资源时，教师应注意内容的准确性和清晰性，尽量使用简洁明了的图像、视频和动画，避免信息过载和混乱。此外，教师可以利用互联网上的开放教育资源，如教育网站、在线教学平台等，获取和使用其他教师制作的多媒体资源。这些资源通常经过专业的制作和筛选，具有较高的质量和有效性。

第四，教师在使用多媒体资源时应注意合理安排和运用。多媒体资源应与教学内容有机地结合起来，而不是简单地进行展示。教师可以在教学中引导学生观看、分析和讨论多媒体资源，以促进学生的主动参与和思考。同时，教师还应注意多媒体资源的使用时机和数量，避免过度依赖和过多使用多媒体资源，影响学生的学习体验和效果。

第五，在选择和设计多媒体资源时，教师应考虑到学生的学习特点和需求。不同年龄段、不同学习能力的学生对多媒体资源的接受和理解程度可能有所差异。因此，教师需要根据学生的学习背景和能力水平，选择适当的多媒体资源，并根据需要进行适度的调整和个性化设计。

第六，教师在选择和设计多媒体资源时应注重多元化和创新性。多媒体资源不仅可以包括图像、视频、动画等传统形式，还可以包括虚拟实验、模拟器、游戏等创新形式。多元化和创新性的多媒体资源，能够激发学生的兴趣和好奇心，提高学习的趣味性和学习深度。

第七，教师在使用多媒体资源时应注意版权和道德问题。教师应尊重他人的知识产权，合法获取和使用多媒体资源。在使用他人的多媒体资源时，教师应注明出处，并遵守相关的使用约定和规定。此外，教师还应注意多媒体资源的内容是否符合教育伦理和道德要求，避免使用不当或不适宜的内容。

教学软件选择与设计

教学软件在数字化教材中起着至关重要的作用，它可以提供丰富的教学资源和工具，帮助教师更好地教学和学生更好地学习。在选择和设计教学软件时，教师应注意以下几个方面：

第一，不同的教学软件有不同的功能和特点，教师应根据自己的教学内容和学生的学习需求，选择合适的教学软件。

第二，教师应注意教学软件的质量和有效性。选择高质量的教学软件可以提供更好的学习体验。教师可以参考教育部门推荐的教学软件，或者借鉴其他教师的经验，选择经过验证和评估的教学软件。同时，教师还应关注教学软件的有效性，即它是否能够帮助课堂教学达到教学目标，是否与教学内容紧密相关。

第三，教师可以根据教学需要，自己设计和开发教学软件。设计和开发教学软件可以更好地满足自己的教学需求和学生的学习需求。设计和开发教学软件时，教师应注意软件的功能和界面设计，确保软件易于使用和理解。

第四，教师在使用教学软件时应注意合理安排和运用。教学软件应与教学内容有机地结合起来，而不是简单地进行展示。教师可以在教学中引导学生使用教学软件进行学习和实践，以促进学生的主动参与和思考。同时，教师还应注意教学软件的使用时机和数量，避免过度依赖和过多使用教学软件，影响学生的学习体验和效果。

6.2.6 学习路径设计

学习路径设计是数学智慧课堂中的一个重要环节，它决定了学生在学习过程中的学习顺序和学习内容。一个合理的学习路径设计可以帮助学生有条不紊地学习，提高学习效果。

在学习路径设计中，教师应首先明确学习目标和学习内容。学习目标是学生在学习过程中所要达到的知识和能力水平，学习内容是实现这些学习目标所必需的知识和技能。首先，教师可以参考课程标准和教学大纲，确定学习目标和学习内容。

接下来，教师应根据学习目标和学习内容，将学习内容划分为不同的单元或模块。每个单元或模块应包含一个特定的学习主题或概念，并按照一定的逻辑顺序进行组织。例如，在数学教学中，可以将学习内容划分为基础知识、进阶知识和拓展知识等不同的模块。

然后，教师应根据学习目标和学习内容，确定学习路径中的每个单元或模块的学习顺序。学习路径的设计应从简单到复杂、从易到难，以帮助学生逐步建立知识体系、提高学习能力。教师可以根据学习内容的难易程度和逻辑关系，合理安排学习顺序，确保学生能够逐步掌握并深入理解知识。

此外，教师还应根据学生的学习情况和学习能力，进行个性化和差异化的学习路径设计。对于接受能力较强的学生，可以提供更多的拓展模块或挑战性任务，以满足他们的学习需求。对于接受能力稍差的学生，可以提供更多的复习和巩固模块，以帮助他们逐步提高学习水平。

下面是数学智慧课堂教学设计之学习路径设计的设计流程：

分析学生的学习背景和能力水平。在开始设计学习路径之前，教师应先了解学生的数学基础和学习能力。可以通过问卷调查、诊断测试等方式进行评估，从而确定学生的学习起点和学习需求。

设计学习目标和学习内容。根据教学大纲和课程标准，确定每个学习单元的学习目标和学习内容。学习目标应具体明确，与学生的实际需求和课程要求相匹配。学习内容可以包括基础知识、解题方法、应用技巧等。

划分学习单元或模块。根据学习内容的难易程度和逻辑关系，将整个课程划分为多个学习单元或模块。每个单元或模块应包含一个特定的学习主题或概念，并且具有一定的难度层次。

设计学习路径。根据学习内容的难易程度和逻辑关系，确定学习路径中每个单元或模块的学习顺序。学习路径的设计应从简单到复杂、从易到难，以帮助学生逐步建立数学知识体系和提高解题能力。同时，还应根据学生的学习需求和兴趣，合理调整学习路径，确保学生的学习动力和学习主动性。

整合教学资源和工具。在设计学习路径的过程中，教师可以选择和整合各种教学资源和工具，如数学软件、互动教具、在线课程等。这些资源和工具可以帮助学生更好地理解和应用数学知识，激发学生的学习兴趣和创造力。

提供个性化和差异化的学习支持。在学习路径的实施过程中，教师应根据学生的学习表现和反馈，提供个性化和差异化的学习支持。可以通过小组合作、个别指导、错题讲解等方式，帮助学生克服困难，提高学习效果。

第七章　数学智慧课堂的评价与反思

数学智慧课堂的评价与反思是指对数学智慧课堂的教学过程和学习效果进行全面评估和思考的过程。评价与反思旨在了解数学智慧课堂的教学效果和质量，发现问题和不足，及时进行调整和改进，提高教学效果和学生学习的成果。

7.1 评价与反思的意义

评价与反思是数学智慧课堂教学的重要环节，通过评价与反思，可以提供有效的反馈，促进教学改进，激发学生的学习动力等。

提供有效的反馈

评价与反思可以为教师和学生提供有效的反馈。通过评价，教师可以了解学生对数学知识的掌握情况，发现学生的问题和困难，及时进行教学辅导和帮助。同时，学生也能通过评价了解自己的学习状况，发现自己的不足之处，进一步完善自己的学习方法和策略。

在数学智慧课堂中，评价体系的建立是至关重要的。评价原则和方法应根据教学目标和学生的实际情况进行设定。评价指标应包括学生的学习态度、知识掌握情况、能力发展等多个方面，以便全面评估学生的数学智慧水平。同时，评价工具的选择和应用也是至关重要的。现代信息技术的发展为评价提供了多种工具，如在线测试、数据分析等，这些工具可以更加客观、精准地反映学生的学习情况。

除了评价之外，反思也是数学智慧课堂中不可或缺的环节。教师需要反思自己的教学方法和策略是否得当，是否符合学生的学习需求和能力水平。同时，学生也需要反思自己的学习方法和策略是否有效，是否存在问题需要改进。这种反思机制有助于教师和学生不断完善自己的教与学，进一步提高数学智慧课堂的教学质量和学习效果。

促进教学改进

评价与反思在数学智慧课堂中促进教学改进具有重要的作用。通过评价与反思，教师可以深入了解自己在教学过程中存在的问题和不足，有针对性地进行改进和调整。教师可以对自己的教学设计和教学方法进行反思，思考如何提高教学效果和增加学生的参与度。

评价与反思的方式多种多样。可以通过观察课堂录像、听取学生的反馈、与同事进行教学交流等方式来获取评价信息。教师可以通过观察课堂录像来回顾自己的教学过程，发现可能存在的问题和不足，并寻找解决方案。同时，听取学生的反馈也是非常重要的，学生可以提供对教学效果和教学方法的真实反馈，教师可以根据学生的反馈意见来进行教学调整和改进。此外，与同事进行教学交流也是一种很有效的评价与反思方式，教师可以互相分享教学经验和心得，从中获得启发和改进的思路。

激发学生的学习动力

评价与反思在数学智慧课堂中不仅对教师有益，对学生的学习动力也具有重要的激发作用。通过评价与反思，学生可以了解自己在数学智慧课堂中的表现和进步，从而增强学习的自信心和学习动力。

评价与反思可以帮助学生了解自己在数学知识掌握、解决问题和合作学习等方面的优势和不足。帮助学生进一步改进学习策略和方法，提高学习效果。

此外，评价与反思还可以帮助学生树立正确的学习态度和价值观。通过评价与反思，学生会认识到数学学习是一个长期的过程，需要持之以恒的努力。学生会明白自己的学习成果是通过不断的努力和积累获得的，而不是一蹴而就的。这样的认识可以帮助学生树立正确的学习态度，培养良好的学习习惯和价值观，进而增强学习动力。

7.2 数学智慧课堂的评价体系

数学智慧课堂作为一种新兴的教学模式，致力于培养学生的思维能力和自主学习能力。为了评价数学智慧课堂的效果和促进学生的全面发展，建立一个科学、客观、全面的评价体系至关重要。

7.2.1 评价原则和方法

智慧课堂以培养学生的创新思维和实践能力为目标，通过运用先进的信息技术手段和丰富的教学资源，营造一个智能化、个性化和高效化的课堂，使每个学生都能得到充分的发展。

评价原则和方法是指在进行评价时所遵循的一些基本原则和采用的具体方法。在智慧课堂实践中，评价原则与方法对于保证教学质量和促进学生的学习进步具有重要意义。

数学智慧课堂评价的原则

1. 注重学生的实际应用能力

在数学智慧课堂的评价中，应重点关注学生的实际应用能力，即学生在解决实际问题和应对现实生活中的情境时所能运用所学知识的能力。这一能力的培养是数学教育的重要目标之一，也是数学智慧课堂的核心要求之一。

评价时，可以通过以下方式注重学生的实际应用能力：

评价时可以设计一些真实的实际问题，让学生运用所学知识解决。这些问题可以是与学生生活息息相关的，能够激发学生的兴趣和思考。

评价时可以引导学生进行探究式学习，让学生通过实际操作、实地考察等方式，深入了解和应用所学知识。

评价时应注重学生的思考和分析能力，让学生在解决实际问题时能够运用所学知识进行思考和分析。评价时应关注学生的思考过程、问题解决的思路和方法等。

评价时可以结合项目和任务，让学生在实际项目中运用所学知识。评价时应关注学生在项目中的表现和取得的成果。

注重学生的实际应用能力是数学智慧课堂评价的重要方面。通过评价学生在实际问题解决中的能力，可以更全面地了解学生的学习情况，并为学生提供有针对性的指导和支持。同时，评价也应该激发学生对数学知识的兴趣和热情，培养学生将所学知识运用到实际生活中的能力。

2. 尊重学生的个体差异

首先，评价方式应该多元化。传统的单一评价方式可能无法全面准确地评估学生的能力和水平。因此，智慧课堂的评价应采用多元化的评价方式，如自评、互评、师评等。通过让学生参与评价过程，他们可以主动思考自己的学习情况，提高自我认知和自我管理能力。同时，互相评价可以促进学生之间的合作和交流，建立良好的学习氛围。

其次，评价应注重学生的个体差异。评价时应充分考虑学生的兴趣爱好和学习风格。不同学生对于学习的兴趣爱好和学习方式可能存在差异，因此评价应根据学生的个体特点进行调整。例如，对于对数学感兴趣的学生，可以设计一些有趣的数学项目，让他们能够在评价中充分展示自己的才能和潜力。对于对学习数学较为困难的学生，可以采用更多的互助学习和个别辅导，帮助他们克服困难，提高学习成果。

最后，评价应注重学生的学习进步。评价应该不仅着眼于学生的当前水平，更应注重学生的学习进步。学生的学习进步是教学的最终目标之一，评价应该鼓励和肯定学生的努力和进步。在评价中，可以设置目标和标准，引导学生设立学习目标，并根据学生的实际情况给予相应的评价和反馈。

智慧课堂的评价应该充分尊重学生的个体差异，采用多元化的评价方式，注重学生的兴趣爱好和学习风格，关注学生的学习进步。只有这样，评价才能更加准确地反映学生的能力和水平，为学生提供更有针对性的指导和支持。同时，评价也应该激发学生的学习兴趣和学习动力，促进学生的全面发展。

3. 注重评价的及时性和公正性

注重评价的及时性和公正性是智慧课堂评价的重要原则之一。

在智慧课堂的评价中，应该尽量避免拖延评价的时间。评价应该及时进行，及时给予学生和教师反馈。及时的评价可以帮助学生和教师及早发现问题，及时采取相应的措施进行改进。如果评价拖延，可能会导致问题长期存在，影响学生的学习进步。

评价的公正性也非常重要。评价应该客观公正，避免偏袒和主观判断。评价应该基于客观的标准和准则。评价者应该尽量排除主观偏见，公正地评价每个学生的表现和能力。

数学智慧课堂评价的方法

智慧课堂实践中，评价是促进教学质量提高和学生学习进步的重要手段。数学智慧课堂的评价可以采用以下几种方式：

观察法。观察法是评价学生学习情况的一种常用方法。在数学智慧课堂中，教师通过观察学生的表现，了解学生对知识的掌握情况、应用能力和学习态度等方面的情况，及时调整教学策略和方法。观察法可分为随机观察和系统观察两种形式。随机观察是指教师在教学过程中随时观察学生的表现，及时发现学生的问题和优点；系统观察是指教师有计划、有目的地观察学生的表现，以便全面了解学生的学习情况和表现。

测验法。测验法是评价学生学习效果的一种常用方法。在数学智慧课堂中，教师可以根据教学内容和目标，采用在线测试、纸质测试等不同的测验方式，检测学生对知识的掌握情况和应用能力。测验法不仅可以评价学生的学习效果，还可以帮助教师及时发现教学中的问题和不足之处，以便改进教学方法和策略。

表现性评价法。表现性评价法是通过评价学生在实际操作中的表现来评价学生的学习情况和效果的一种方法。在数学智慧课堂中，教师可以根据学生的实际操作情况、作品成果等方面，了解学生对知识的掌握情况和应用能力。表现性评价法不仅可以评价学生的学习效果，还可以帮助学生发现自己的优点和不足之处，激发学生的学习兴趣和学习动力。

作品评价法。作品评价法是通过评价学生的作品来评价学生的学习情况和效果的一种方法。在数学智慧课堂中，教师可以根据学生的作业、项目成果等方面，了解学生对知识的掌握情况和应用能力。作品评价法不仅可以评价学生的学习效果，还可以帮助学生发现自己的优点和不足之处，提高学生的创造力和实践能力。

电子档案袋评价法。电子档案袋评价法是一种以数字化技术为手段，通过收集、整理和展示学生在数学智慧课堂中的学习过程和成果，以反映学生的学习进步和成长历程的评价方法。教师可以利用数字化平台建立学生的电子档案袋，记录学生的学习过程、作品成果、反思总结等信息，以便全面了解学生的学习情况和表现。电子档案袋评价法不仅可以帮助学生回顾自己的学习历程，发现自己的优点和不足之处，还可以为教师提供更加客观、全面的评价依据，帮助教师改进教学方法和策略。

综合评价法。综合评价法是一种将多种评价方法结合起来使用的评价方法。在数学智慧课堂中，教师可以根据实际情况选择合适的评价方法进行综合运用，以便全面、客观地评价学生的学习情况和表现。综合评价法可以包括观察法、测验法、表现性评价法、作品评价法、电子档案袋评价法等多种评价方法，以便更好地反映学生的学习进步和成长历程。

数学智慧课堂的评价方法是多种多样的，每种方法都有其优缺点和使用范围。在具体实践中，教师应根据实际情况选择合适的评价方法进行评价，以便全面了解学生的学习情况和表现。同时，教师应注重评价的及时性和公正性，鼓励学生积极参与评价过程，激发学生的学习兴趣和学习动力，促进教学质量提高和学生学习进步。

7.2.2 评价指标的设定

数学智慧课堂评价指标的设定是指针对数学学科在智慧课堂环境下，对学生的数学能力和学习表现进行评价时，所制定的具体评价标准和指标。评价指标的设定旨在明确评价的目的和标准，以便更准确地了解学生的数学学习情况和能力水平。

评价指标设定的原则

数学智慧课堂评价指标的设定应遵循目标性、科学性、全面性、可操作性、动态性和激励性原则。

1.目标性原则

目标性原则是评价指标设定的基本原则之一。评价指标应紧紧围绕数学智慧课堂的教学目标和学生的学习目标进行设定。这些目标应该包括知识掌握、技能应用、问题解决、思维发展等方面，以体现数学智慧课堂培养学生的创新思维和实践能力的目标。

2.科学性原则

评价指标应具有科学性。科学性的评价指标要基于教育教学理论和实践经验，结合数学学科的特点和智慧课堂的要求，能够客观地反映数学智慧课堂的教学质量和学生学习情况。

3.全面性原则

评价指标应具有全面性。全面性的评价指标要考虑到数学智慧课堂的各个方面，包括学生的学习效果、参与度、理解度、技能掌握、创新思维、课堂氛围和教学目标的达成度等。这些方面是相互关联、相互影响的，要全面考虑才能更好地评价数学智慧课堂的教学质量和学生学习情况。同时，评价指标要简明扼要，概括性强，避免过于烦琐和重复的现象。

4.可操作性原则

评价指标应具有可操作性。可操作性的评价指标要基于实际情况和可操作性原则，能够方便地进行数据采集和整理，以便进行评价和反馈。评价指标要具体明确，能够量化或具体化，避免抽象模糊的现象。同时，评价指标要注重实效性，能够真实地反映数学智慧课堂的教学质量和学生学习情况，以便及时发现问题和解决问题。

5.动态性原则

评价指标应具有动态性。动态性的评价指标要根据实际情况不断进行调整和完善，以适应不同阶段的教学需求。评价指标要具有一定的灵活性和可调整性，能够根据实际情况进行调整和优化。同时，评价指标要注重时效性，能够及时反映数学智慧课堂的教学质量和学生学习情况，以便及时发现问题和解决问题。

6. 激励性原则

评价指标应有助于激励学生的学习积极性和主动性，促进学生的个性发展和全面发展。通过评价，学生能够了解自己的学习状况和进步，激发学习热情和自信心，提高自主学习和合作学习能力。同时，评价指标还应该注重对学生多元智能的激励和发展，鼓励学生发挥自己的特长和优势，培养学生的创新精神和实践能力。

通过设定科学客观的指标体系，全面涵盖数学智慧课堂的各个方面，采用可操作性的评价方法进行评价和反馈，并根据实际情况不断进行调整和完善以适应不同阶段的教学需求。这样的评价指标才能够更好地发挥其作用，促进数学智慧课堂教学质量的提高和学生学习进步和发展。

评价指标的设定

在数学智慧课堂中，评价指标的设定应该基于数学学科的核心概念和知识体系，并结合智慧技术的应用。评价指标可以从以下几个维度进行设定：

评价学生对数学知识的理解和应用能力。评价指标包括学生对数学概念的理解程度、能够运用数学知识解决实际问题的能力等。

评价学生的推理和问题解决能力。评价指标包括学生的逻辑推理能力、抽象思维能力、分析和解决数学问题的能力等。

评价学生的沟通和表达能力。评价指标包括学生的数学语言表达能力、图表和符号的运用能力、能够清晰地陈述数学思路和解题过程的能力等。

评价学生的合作和团队精神。评价指标包括学生在小组活动中的合作能力、团队协作能力等。

评价学生的学习态度和自主学习能力。评价指标包括学生对数学学习的兴趣和积极性、自主学习能力和学习方法的运用等。

评价学生的创新和批判思维能力。该评价指标包括学生在数学学习中的创新思维能力、对问题的深入思考和批判性思维的运用能力等。

	A	B	自评	互评	师评	评分
知识理解	学生能够准确理解数学概念的定义和性质，并能用自己的语言解释概念的含义	学生能够基本理解数学概念的定义和性质，但可能存在一些模糊或错误的理解	学生对数学概念的理解存在较大的困惑或错误，无法准确描述概念的含义			
应用能力	学生能够熟练运用数学知识解决各类问题，包括简单和复杂的问题，并能灵活应用知识解决实际情境中的问题	学生能够基本运用数学知识解决一些简单问题，但在解决复杂问题或实际情境中的问题时可能存在一些困难	学生对数学知识的应用能力较弱，无法有效地运用知识解决问题，或者在解决问题过程中存在严重的错误			
逻辑推理能力	学生能够准确、清晰地进行逻辑推理，能够运用逻辑规则和推理方法解决复杂的数学问题	学生能够基本进行逻辑推理，但在复杂问题的推理过程中可能存在一些模糊或不完整的推理链条	学生的逻辑推理能力较弱，无法准确进行逻辑推理或在推理过程中存在严重的错误			
抽象思维能力	学生能够熟练运用抽象思维来解决数学问题，能够理解和运用抽象概念和符号来进行推理和问题解决	学生能够基本运用抽象思维解决一些简单问题，但在处理复杂问题或运用抽象概念时可能存在一些困难	学生的抽象思维能力较弱，无法有效地运用抽象思维解决问题，或者在处理抽象概念时存在严重的错误			
分析和解决数学问题的能力	学生能够准确分析和解决各类数学问题，并能灵活应用不同的解决方法和策略来解决问题	学生能够基本分析和解决一些简单问题，但在解决复杂问题或运用不同方法时可能存在一些困难	学生的分析和解决问题能力较弱，无法有效地分析和解决问题，或者在解决问题过程中存在严重的错误			
数学语言表达能力	学生能够准确、清晰地运用数学专业词汇和语言表达数学概念、性质和推理过程	学生能够基本运用数学语言表达数学概念和推理过程，但可能存在一些模糊或不准确的表达	学生的数学语言表达能力较弱，无法准确描述数学概念和推理过程，或者在表达过程中存在严重的错误			

续表

	A	B	自评	互评	师评	评分
图表和符号的运用能力	学生能够熟练运用各种数学图表和符号来描述和说明数学问题，能够正确地解读和分析图表和符号	学生能够基本运用数学图表和符号，但在解读和分析图表和符号时可能存在一些困难	学生对图表和符号的运用能力较弱，无法有效地运用图表和符号来描述和解释数学问题，或者在解读和分析过程中存在严重的错误			
清晰陈述数学思路和解题过程的能力	学生能够清晰地陈述自己的数学思路和解题过程，能够用适当的语言和结构描述数学问题的求解过程	学生能够基本清晰地陈述数学思路和解题过程，但可能存在一些组织和表达上的不连贯或不准确	学生的数学思路和解题过程的陈述能力较弱，无法清晰地表达数学思路和解题过程，或者在陈述过程中存在严重的错误			
小组活动中的合作能力	学生能够积极主动地与小组成员合作，善于倾听和尊重他人的意见，能够有效地协作完成任务并达成共识	学生能够基本与小组成员合作，但在与他人协作和沟通的过程中可能存在一些困难或不够积极主动	学生的合作能力较弱，无法有效地与小组成员合作，或者在合作过程中存在严重的冲突和不和谐			
团队协作和分工的效果	学生能够有效地与团队成员协作，能够合理分工并充分发挥自己的优势，达到团队目标并取得良好的成果	学生能够基本与团队成员协作，但在分工和协作过程中可能存在一些困难或分工不合理导致工作效果不佳	学生的团队协作和分工效果较弱，无法有效地与团队成员协作，或者在分工和协作过程中存在严重的问题和失误			
能够与他人合作解决问题的能力	学生能够与他人合作解决各类问题，能够有效地进行协商和合作，充分发挥团队的智慧和力量，取得成功的解决方案	学生能够基本与他人合作解决问题，但在协商和合作过程中可能存在一些困难或思维模式上的限制	学生的与他人合作解决问题的能力较弱，无法有效地与他人协商和合作，或者在解决问题过程中存在严重的问题和错误			
对数学学习的兴趣和积极性	学生对数学学习充满了兴趣和热情，积极主动地参与学习活动，主动寻求学习的机会和挑战	学生对数学学习有一定的兴趣和积极性，但可能存在一些学习动力不足或对学习内容的兴趣有限	学生的数学学习兴趣和积极性较低，缺乏主动性和对学习的投入，或者对数学学习缺乏兴趣			

续表

	A	B	自评	互评	师评	评分
自主学习能力	学生具有较强的自主学习能力，能够自主制定学习计划和目标，善于自主学习和解决问题，能够有效地利用学习资源和工具	学生具有一定的自主学习能力，能够基本进行自主学习和解决问题，但可能需要一定程度的指导和支持	学生的自主学习能力较弱，无法有效地进行自主学习和解决问题，或者在自主学习过程中存在严重的困惑和困难			
学习方法的运用	学生能够灵活运用多种学习方法和策略，善于总结和归纳学习经验，能够有效地应用学习方法解决问题	学生能够基本运用一些学习方法和策略，但在应用学习方法解决问题时可能存在一些困难或局限	学生的学习方法运用能力较弱，无法有效地运用学习方法和策略解决问题，或者在学习方法的应用过程中存在严重的错误			
创新思维能力	学生具有较强的创新思维能力，能够提出新颖的观点和解决问题的方法，能够运用创新思维解决复杂的数学问题	学生具有一定的创新思维能力，能够提出一些新颖的观点和解决问题的方法，但可能在创新思维的运用上存在一些限制	学生的创新思维能力较弱，无法有效地提出新颖的观点和解决问题的方法，或者在创新思维的运用上存在严重的困难			
对问题的深入思考能力	学生能够深入思考问题，能够抓住问题的本质和关键点，能够提出有深度的分析和推理，能够从不同角度思考问题	学生能够基本进行问题的深入思考，能够理解问题的本质和关键点，但可能在问题分析和推理的深度上存在一些限制	学生对问题的深入思考能力较弱，无法有效地理解问题的本质和关键点，或者在问题分析和推理的过程中存在严重的困惑			
批判性思维的运用能力	学生能够运用批判性思维进行问题的评估和分析，能够判断问题的合理性和逻辑性，能够提出合理的批判性观点和解决方案	学生能够基本运用批判性思维进行问题的评估和分析，但可能在批判性观点和解决方案的提出上存在一些限制	学生的批判性思维能力较弱，无法有效地进行问题的评估和分析，或者在批判性观点和解决方案的提出过程中存在严重的困难			
点评：						

以上是一些常见的评价指标设定维度，在设定具体的评价指标时，要根据数学智慧课堂的特点和实际教学情况，综合考虑以上各方面因素，制定出科学、合理的评价指标体系。同时，也要根据实际情况不断调整和完善评价指标体系，以适应不同阶段的教学需求。

7.2.3. 评价工具的选择和应用

数学智慧课堂的评价工具的选择和应用是指根据教学目标和学生的学习需求，选择合适的评价工具来评估数学智慧课堂的教学质量和学生的学习效果。评价工具的选择和应用具有重要的意义，它可以帮助教师及时了解学生的学习状态和需求，调整教学策略和方法，提高教学效果和质量。同时，评价工具的选择和应用还可以帮助学生了解自己的学习状况和进步情况，激发学习热情和自信心，提高自主学习和合作学习能力。

数学智慧课堂评价工具的选择原则有：

1. 评价内容的覆盖性

在选择数学智慧课堂评价工具时，注重评价内容的覆盖性是一个重要的原则。数学智慧课堂的教学目标不仅仅是让学生掌握数学知识，更重要的是培养学生的数学思维、问题解决能力和创新精神。因此，评价工具的选择和应用也应该关注这些方面，确保评价内容的覆盖性。

具体而言，评价内容的覆盖性应该包括但不限于以下方面：

数学知识掌握情况。评价工具应该能够评价学生对数学基础知识的掌握情况，包括概念、定理、公式等。这是数学智慧课堂的基础，也是学生能够进一步应用数学知识解决问题的前提。

数学技能应用能力。评价工具应该能够评价学生应用数学知识解决实际问题的能力。这是数学智慧课堂的重要教学目标之一，也是学生能够将知识转化为能力的关键。

数学问题解决能力。评价工具应该能够评价学生解决数学问题的能力和水平。数学问题解决是数学智慧课堂的核心教学目标之一，通过评价，教师可以了解学生对问题的分析能力、推理能力和解决能力。

数学思维发展水平。评价工具应该能够评价学生的思维发展水平和创新能力。数学智慧课堂注重培养学生的创新思维和实践能力，通过评价，教师可以了解学生的思考方式、思维能力和创新精神。

沟通与合作能力。数学智慧课堂强调学生的沟通和合作能力，评价工具应该能够评估学生在小组合作、口头表达和书面交流等方面的能力。评价工具可以设计一些小组合作项目或口头报告，以评估学生的沟通与合作能力。

反思与自我评价。数学智慧课堂鼓励学生进行反思和自我评价，评价工具应该能够评估学生对自己学习和思维过程的反思和评价能力。评价工具可以设计一些反思性问题或自我评价表格，要求学生对自己的学习过程进行反思和评价。

2. 评价工具的可信度和有效性

评价工具的可信度指评价结果的稳定性和一致性。一个可信的评价工具应该能够在不同的时间和场合得出相似的评价结果。评价工具的可信度可以通过以下方式来评估：

内部一致性。评价工具的各个题目或指标之间应该具有一致性。内部一致性可以通过计算评价工具内部的相关系数或一致性系数来评估。

重测信度。通过重复使用评价工具进行评价，以取得评估评价结果的一致性和稳定性。重测信度可以通过计算评价结果的相关系数或一致性系数来评估。

评价者间一致性。如果评价工具需要多个评价者进行评价，评价者间的一致性也是评价工具可信度的重要指标。评价者间一致性可以通过计算评价者间的相关系数或一致性系数来评估。

评价工具的有效性指评价工具是否能够准确地评估所要评价的目标。一个有效的评价工具应该能够反映学生的实际能力和表现。评价工具的有效性可以通过以下方式来评估：

内容效度。评价工具的内容应该能够全面地涵盖所要评价的目标。评价工具的内容效度可以通过专家评审、教师意见征求或理论基础的支持来评估。

预测效度。评价工具的评价结果是否能够预测学生在其他相关领域或任务中的表现。预测效度可以通过相关研究或实证研究来评估。

与其他评价工具的关联效度。评价工具的评价结果是否与其他已验证的评价工具或标准测验的评价结果相关联。关联效度可以通过计算评价工具与其他评价工具的相关系数来评估。

评价工具的可信度和有效性的评估可以提高评价结果的准确性和可靠性，从而为教师提供更有价值的评价和指导。

3. 评价工具的适应性和灵活性

评价工具的适应性指评价工具是否适用于不同的学习环境和学生群体。评价工具应该能够适应不同的教学环境和学生的学习需求。在数学智慧课堂的教学过程中，教师需要根据学生的实际情况和教学需求，选择适合的评价工具，并对其进行灵活的调整和应用。

评价工具的适应性可以通过以下方式来评估：

年级适应性。评价工具是否能够适应不同年级的学生。评价工具可以根据年级的不同，调整评价内容和难度，以适应不同年级学生的能力和学习需求。

水平适应性。评价工具是否能够适应不同水平的学生。评价工具可以设计不同难度的题目或任务，以适应不同水平学生的能力和学习进展。

背景适应性。评价工具是否能够适应不同背景的学生。评价工具可以考虑学生的文化背景、语言能力和学习经验等因素，以确保评价工具对不同背景学生的公平性和准确性。

评价工具的灵活性指评价工具的设计和使用是否具有灵活性。一个灵活的评价工具应该能够根据不同的评价目标和需求进行调整和修改。在数学智慧课堂的评价中，教师需要根据不同的评价目标和评价需求，选择不同的评价工具，并进行灵活的应用。评价工具的灵活性可以通过以下方式来评估：

多样化的评价方式。评价工具可以设计多种不同的评价方式，如笔试、口试、实践项目等，以适应不同的评价目标和学生特点。

可调整的评价指标。评价工具可以根据具体的评价目标和需求，调整评价指标的权重和内容，以适应不同的评价要求。

个性化的评价设置。评价工具可以根据学生的个体差异，进行个性化的评价设置，以满足不同学生的学习需求和发展特点。

评价工具的适应性和灵活性是数学智慧课堂评价工具选择和应用中需要考虑的重要因素。教师需要根据实际情况和教学需求进行灵活选择和应用评价工具，并不断进行改进和完善，以提高教学效果和质量。

7.3 常用的数学智慧课堂评价工具

数学智慧课堂评价工具是用于评估学生在数学智慧课堂中的学习表现和发展的工具。它可以帮助教师了解学生的数学能力、解决问题的能力、批判性思维、创新能力、沟通与合作能力以及反思与自我评价能力等方面的情况。以下是一些常用的数学智慧课堂评价工具。

作业批改

作业批改是数学智慧课堂中最为基础和常用的评价工具之一。通过批改学生的作业，教师可以清楚地了解学生在哪些方面理解和掌握得较好，哪些方面还存在误解或困难。通过指出学生的错误或不足，教师可以帮助学生找出问题的原因，并指导他们改正。作业批改还是一种有效的反馈机制，它可以告诉学生他们的学习效果如何，以及需要在哪些方面改进。

作业批改可以采取多种形式，如全批全改、抽样批改、学生互批等。全批全改可以全面了解学生的学习情况，但可能需要花费较多的时间和精力。抽样批改选择部分学生的作业进行批改，可以节省时间，但可能无法全面反映所有学生的学习情况。学生互批可以提高他们的自主学习能力和批判性思维，但需要确保学生能够正确理解和评价他人的作业。

在批改作业时教师要做好错误的分析和归类，以便更好地指导学生学习。

教师需要及时批改学生的作业，并尽快将批改结果反馈给学生。这样可以让学生及时了解自己的学习状况并做出调整。此外，针对学生的个别问题，教师可以提供个性化的指导和建议，帮助学生克服困难。

教师需要定期评估作业批改的效果，看是否达到了预期的目标。如果没有达到，需要找出问题并做出调整。

随着技术的发展，一些新的工具和方法也可以用于作业批改。如，使用自动化的作业批改工具可以减轻教师的负担，提高效率；同时，教师还可以尝试使用多元化的批改方式来满足不同学生的需求。

测验考试

测验考试是另一种常用的数学智慧课堂评价工具。定期进行测验考试，可以了解学生阶段性学习对知识的掌握情况和应用能力，发现学生的问题和不足，并及时进行反馈和指导。教师还可以通过测验考试的结果来调整自己的教学方式和策略，以更好地满足学生的学习需求。对于学生而言，测验考试是一种有效的反馈机制，它可以告诉学生学习效果如何，以及需要在哪些方面改进。

测验考试评价的流程为：

（1）制订测验计划。在实施测验考试前，教师需要制订详细的测验计划，包括测验的时间、内容、形式等。测验的内容应涵盖阶段性学习的重点和难点，形式可以多样化，如选择题、填空题、计算题等。

（2）做好试卷分析。在阅卷过程中，教师需要做好试卷分析，统计每道题的正确率、错误率，以及学生在解题中出现的典型错误。这有助于教师了解学生对知识的掌握情况，为后续的反馈和指导提供依据。

（3）及时反馈与指导。阅卷结束后，教师需要及时将试卷分析结果反馈给学生，并针对学生在解题中出现的典型错误进行讲解和指导。教师可以组织学生进行小组讨论，鼓励学生互相交流和学习，以帮助学生更好地掌握知识和提高解题能力。针对学生的个别问题，教师可以提供个性化的指导和建议。

（4）总结与反思。在完成测验考试后，教师需要对本次测验进行总结和反思。总结本次测验的优点和不足，反思自己在教学中存在的问题和改进方向。同时，教师还可以征求学生的意见和建议，以更好地满足学生的学习需求、提高教学效果。

学习过程评价表

学习过程评价表是教学评价中的重要工具之一。通过设计学习过程评价表，教师可以全面了解学生的学习情况，及时发现学生在学习中存在的问题，并给予有效的指导和帮助。

学习过程评价表的设计应具有针对性和灵活性。教师可以根据不同的学习阶段和教学目标，设计不同的评价表。在设计评价表时，教师应充分考虑学生的实际情况和个性差异，以便更好地指导学生学习。

学习过程评价表通常包括以下方面：

课堂参与度。包括学生是否积极参与课堂讨论、回答问题等。

回答问题质量。包括学生回答问题的正确率、思路清晰度等。

合作学习表现。包括学生与同学合作完成任务的情况、是否能够发挥自己的优势等。

学习态度。包括学生对待学习的态度是否认真、是否能够独立思考等。

学习方法。包括学生是否能够运用正确的学习方法提高学习效率等。

在实施学习过程评价表时，教师需要注意以下几点：

及时反馈。教师需要及时将评价结果反馈给学生，以便学生能够及时了解自己的学习情况。

客观公正。教师需要客观公正地评价学生的学习过程，避免主观臆断和偏见。

指导性建议。教师需要给予学生指导性建议，帮助学生发现自己的不足之处，并进行改进。

定期总结。教师需要定期总结学习过程评价表的结果，以便更好地指导学生进行学习。

学习日志

学习日志是一种由学生记录自己学习情况的评价工具。通过让学生记录每天的学习情况，包括学习内容、学习心得、问题思考等，教师可以了解学生的学习状态和需求，以便更好地指导学生进行学习。学习日志可以帮助学生进行自我反思和总结，进而提高学习效果和质量。

以下是如何借助学习日志来进行评价的几个建议：

定期检查日志。教师可以定期检查学生的学习日志，以便了解学生的学习情况和进度。通过阅读学生的日志，教师可以了解学生对知识的掌握情况、学习态度和学习习惯等方面的情况。

量化评价。教师可以制定一个评价量表，针对学生的学习日志进行评价。评价量表可以包括学习内容、学习时间、学习成果、反思总结等方面，以便更好地量化学生的学习情况。

给予反馈和建议。教师在评价学生的学习日志后，应该给予学生反馈和建议。反馈应该针对学生的学习情况，指出优点和不足之处，并给予相应的指导。

鼓励学生自我评价。学习日志不仅可以用于教师评价，还可以用于学生自我评价。学生可以通过回顾自己的学习过程，发现自己的不足之处，并制订相应的改进计划。

在学生写学习日志时，教师还应该做以下几点必要的指导：

内容要真实详细。学生在写学习日志时，应该尽可能真实、详细地记录自己的数学学习情况，包括学习内容、学习心得、问题思考等。这样可以更好地回顾自己的数学学习过程，加深对数学学习内容的理解和记忆。

重点突出。学生在写学习日志时，应该突出重点，尤其是对于一些重要的知识点和问题，应该进行深入的记录和分析。

反思总结。学生在写学习日志时，应该进行自我反思和总结，思考自己的学习方法、学习态度等方面的问题，从而发现自己的不足之处并进行改进。

项目式学习

项目式学习是一种非常有效的评价工具。在项目式学习中，学生需要组成团队，共同解决一个实际问题或完成一个实际项目，教师可以通过观察学生的表现和成果进行评价。

项目式学习的评价重点在于学生的实际操作能力和问题解决能力，因此评价应该以学生的实际表现为主要依据。以下是如何借助项目式学习进行评价的几个建议：

确定评价标准。在开始项目式学习之前，教师应该明确评价的标准和依据，以便在评价时有一个明确的指导方向。评价标准应该包括学生的知识应用能力、问题解决能力、创新思维和团队合作能力等方面。

观察学生表现。在项目式学习中，教师需要密切观察学生的表现，包括学生的参与程度、沟通协作能力、解决问题的方法和策略等。通过观察学生的表现，教师可以了解学生对知识的掌握情况和实际应用能力。

成果展示与分享。项目式学习结束后，教师应该组织学生进行成果展示和分享，以便了解学生的完成情况和收获。成果展示可以包括学生的项目报告、实际操作演示、团队成员的分享等。

给予反馈和建议。在评价项目式学习时，教师应该给予学生反馈和建议。反馈应该针对学生的表现和成果，指出优点和不足之处，并给予相应的建议和指导。

总结反思。项目式学习结束后，教师应该进行总结和反思，以便更好地完善教学设计和评价方式。总结应该包括学生的学习情况和教师的指导情况，反思应该针对评价标准和实际效果进行思考。

概念地图

概念地图是一种通过让学生绘制概念地图进行评价的工具。通过让学生绘制概念地图，教师可以了解学生对概念的理解和知识结构化程度等。概念地图可以帮助学生将零散的知识点进行整合和梳理，提高学生对知识的理解和应用能力。

以下是如何借助概念地图进行评价的几个建议：

确定评价目标。在开始评价前，教师应该明确评价的目标和重点，以便更好地指导学生绘制概念地图。评价目标可以包括学生对概念的理解、知识结构化程度、创新思维和解决问题的能力等方面。

提供范例和指导。为了让学生更好地理解概念地图的评价要求和绘制方法，教师可以提供一些范例和指导。范例可以包括一些优秀的概念地图和相关的解释说明，指导可以针对概念地图的绘制方法和技巧进行讲解。

学生自主绘制概念地图：学生可以根据自己的理解绘制概念地图，将自己掌握的知识点进行整理和表达。在绘制概念地图的过程中，教师应该鼓励学生发挥创新思维和解决问题的能力，不要限制学生的思路和想法。

展示和分享。学生完成概念地图后，教师可以组织学生进行展示和分享。通过展示和分享，学生可以了解其他同学对概念的理解和知识结构化程度，同时也可以从其他同学的思路中得到启示和借鉴。

评价与反馈。教师可以通过观察学生的概念地图进行评价。评价应该针对学生对概念的理解、知识结构化程度、创新思维和解决问题的能力等方面进行评估，并给予反馈和建议。反馈应该针对学生的优点和不足之处进行指导，以帮助学生更好地提高自己的学习效果和质量。

概念地图是一种有效的评价工具，它可以帮助学生整理知识结构、加深对知识的理解和记忆，同时也可以培养学生的创新思维和解决问题的能力。在实施过程中，教师应该注重提供范例和指导、鼓励学生自主绘制、组织展示和分享、进行评价与反馈等环节，以便更好地发挥概念地图的作用。

量规评价表

量规评价表是一种针对学生的作业、作品等进行量规评价的工具。量规评价表可以包括多个方面，教师应根据实际情况进行灵活设计和应用，以便更好地指导学生进行学习。

量规评价表是一种精细且客观的评价工具，以下是如何借助量规评价表进行评价的几个建议：

制定评价标准。在制定量规评价表之前，教师需要明确评价的标准和依据。评价标准应该根据教学目标和学生的学习成果来制定，可以包括作业完成情况、知识点掌握程度、解题方法等方面。

设计量规。根据评价标准，教师可以设计相应的量规。量规应该包括不同的等级和评分标准，以便对学生的学习成果进行量化评价。例如，可以将作业完成情况分为未完成、基本完成、完成等不同的等级，并对每个等级赋予相应的分数。

制定评分指南。为了更准确地评价学生的学习成果，教师可以制定评分指南。评分指南应该包括每个评价标准和相应量规的详细解释，以便教师能够更准确地对学生进行评价。

实施评价。在对学生进行评价之前，教师可以先让学生了解量规评价表和评分指南，以便学生了解评价的标准和方式。然后，教师可以根据量规评价表和评分指南对学生的作业、作品等进行评价。

反馈与指导。评价完成后，教师应该给予学生反馈和建议。反馈应该针对学生的作业完成情况、知识点掌握程度、解题方法等方面进行评估，并指出优点和不足之处。同时，教师应该给予学生相应的指导，以便学生更好地改进。

总之，量规评价表是一种有效的评价工具，它可以帮助学生了解自己的学习成果和质量，同时也可以帮助教师更客观地评价学生的学习情况。在实施过程中，教师应该注重制定评价标准、设计量规、制定评分指南、实施评价和反馈与指导等环节，以更好地发挥量规评价表的作用。

电子档案袋

电子档案袋是一种通过让学生建立电子档案袋进行评价的工具。电子档案袋可以包括多个方面，如作业、考试成绩、项目成果等。教师可以根据实际情况进行灵活设计和应用，以便更好地指导学生进行学习。

使用电子档案袋进行评价一般为以下几个步骤：

确定评价目标。在开始使用电子档案袋进行评价之前，教师应该明确评价的目标和重点，以便更好地指导学生进行学习。评价目标可以包括学生的学习态度、知识点掌握程度、能力发展等方面。

设计档案袋结构。根据评价目标，教师可以设计电子档案袋的结构和内容。电子档案袋可以包括作业、考试成绩、项目成果等各个方面，教师可以根据实际情况进行灵活设计和应用。

制定评价标准。在评价之前，教师应该制定相应的评价标准，以便更好地对学生的学习成果进行评价。评价标准应该根据教学目标和学生的学习成果来制定，可以包括作业完成情况、解题方法等方面。

收集学习资料。学生应该将学习资料、作业、考试成绩等各个方面进行整理和记录，并将其上传到电子档案袋中。教师可以通过电子档案袋实时跟踪和监控学生的学习进度和学习成果。

进行自我反思和总结。学生应该定期对自己的学习过程和成果进行反思和总结，并在电子档案袋中进行记录。反思和总结可以帮助学生更好地了解自己的学习状况和需求，发现自己的优点和不足之处，并制订相应的改进计划。

教师进行评价。教师可以定期检查学生的电子档案袋，了解学生的学习情况和需求，并给予相应的反馈和建议。反馈应该针对学生的优点和不足之处进行指导，以帮助学生更好地提高自己的学习效果和质量。

总结与反思。教师和学生可以通过总结和反思来不断完善电子档案袋的评价方式和方法。总结可以包括学生的学习情况和教师的指导情况，反思可以针对评价标准和实际效果进行思考。

第八章　技术引领下的数学智慧课堂应用案例

在数学教学中，信息技术的应用具有突出的优势。它可以帮助学生更直观地理解抽象的数学概念，激发学生的学习兴趣，提高学生的学习积极性。同时，信息技术也为教师提供了丰富的教学资源和工具，使教师能够更有效地进行教学设计和评估。

数学智慧课堂利用信息技术，如互联网、大数据、云计算和人工智能等，为教师和学生创造了一个开放、互动、个性化的学习环境。在这个环境中，教师可以更有效地进行教学管理和辅导，学生可以更自主地进行学习和探索。

8.1 技术引领下的数学智慧课堂新授课教学案例

新授课教学是数学课堂中的重要环节，对于学生的数学学习和思维能力的发展具有重要作用。数学智慧课堂作为一种新型的教育模式，将信息技术与数学教育教学深度融合，为数学新授课教学提供了新的思路和方法。

利用多媒体技术创设情境，激发学习兴趣

多媒体技术能够将文本、图像、声音、动画等多种信息形式融合在一起，为学生创设生动、形象的教学情境。在数学新授课教学中，教师可以利用多媒体技术展示生活中的实例、历史背景等，让学生感受到数学与生活的紧密联系，激发他们的学习兴趣和探究欲望。

比如，在引入“函数”概念时，教师可以利用多媒体技术展示生活中的函数关系，如声音、光线、温度等的变化与时间的关系，让学生更加直观地理解函数的概念。

通过技术实践操作探究概念形成与发展、定理的推导与证明

数学概念的形成与发展、定理的推导与证明往往需要经历漫长的过程，教师可以利用信息技术模拟实验、猜想验证等手段，引导学生通过实践操作探究概念的形成与发展、定理的推导与证明。比如，在讲解“平行四边形”概念时，教师可以利用多媒体技术展示一系列平行四边形的实例，让学生观察、分析、归纳平行四边形的特征，并通过几何画板模拟实践操作验证结论，抽象出平行四边形的概念及性质。

利用信息技术突出重点、难点

数学新授课教学中往往存在一些重点、难点问题，教师可以利用信息技术制作课件、动画等辅助教学资料，突出重点、难点问题，帮助学生更好地理解和掌握所学知识。比如，在讲解“立体图形”时，教师可以利用三维动画技术展示立体图形的内部结构和特点，让学生更加直观地理解立体图形的概念和性质。

利用网络资源拓展知识面，促进自主学习

网络资源的丰富性和开放性为数学新授课教学提供了广阔的空间。教师可以引导学生利用网络资源进行自主学习，让他们通过查找资料、浏览数学网站等方式拓展知识面，培养自主学习的能力和习惯。

例如，在讲解“负数”这一节内容时，教师可以让学生自主探索负数的基本概念、应用范围等方面的知识。学生可以通过网络资源查找相关资料，了解负数产生的历史背景、在现实生活中的应用领域、我国古代数学家在负数研究中做出的贡献等，还可以通过数学网站的学习资源进行自主学习和练习。这样的教学方式不仅能够拓展学生的知识面、增强文化自信，还能够促进他们自主学习和探究能力的发展。

利用互动平台加强师生交流与合作

互动平台是一种能够实现师生之间、生生之间实时互动的教学工具。在数学新授课教学中，教师可以利用互动平台进行在线答疑、讨论交流等活动，加强师生之间的交流与合作，提高教学效果和质量。

例如，在讲解“概率”一章时，教师可以利用互动平台进行在线答疑和讨论交流。学生可以在平台上提出自己的问题，教师及时给予解答和指导。同时，学生之间也可以通过互动平台进行合作学习和讨论，共同解决问题。这样的教学方式不仅能够加强师生之间的交流，还能够培养学生的合作意识和团队精神。

技术引领下数学智慧课堂新授课教学案例——《垂直于弦的直径》

【教学设计】

垂直于弦的直径

学校名称	深圳市罗湖区翠园实验学校			执教老师	黄缨
所属学科	数学	教学对象	九年级学生	课程学时	1

案例概述

本课采用项目式学习下的大单元教学模式，为人教版九年级上册第二十四章《圆》的第 2 课时，内容为结合圆的对称性，研究圆的轴对称性与垂径定理及其简单应用。本课采用三段式混合学习，课前教师利用希沃知识胶囊发布预习内容，包括垂径定理的内容及简单应用微课及课堂互动练习，学生完成课前导学。教师查阅学习报告，了解学情，调整教学设计；课中师生利用多媒体、网络画板、作业君平台探究圆的对称性和垂径定理及其应用。学生在多平台、多技术的智慧学习环境下主动积极地学习，教师根据课堂即时反馈数据决策教学；课后根据互动课件学习报告提供个性化学习辅导和作业，根据授课情况提供网络画板开展数学实验，将抽象的数学知识直观化，促进学生对垂径定理的建构。

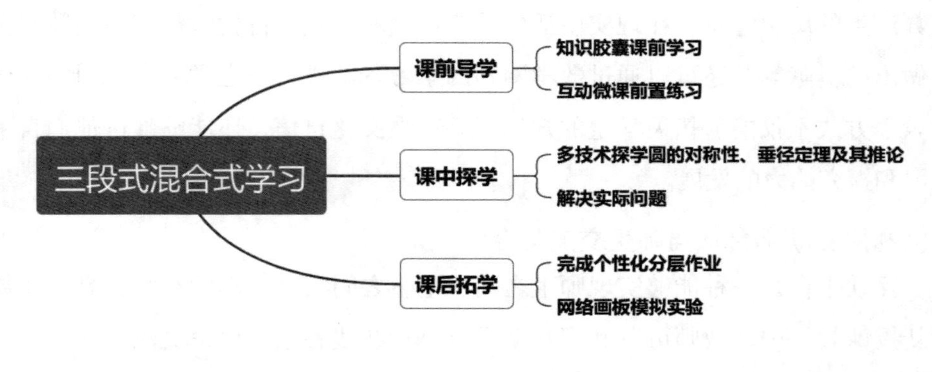

学情分析

本课为人教版九年级上册第二十四章圆的第二课时，圆在初中几何中占有重要的地位，学生在此之前学习了圆的有关概念，还学习了轴对称图形的概念和性质，对垂直于弦的直径这一概念有一定的理解基础。但是由于初中学生推理能力还是相对薄弱，在解决与垂直于弦的直径相关的问题时，学生可能会缺乏推理能力，无法正确运用相关的数学知识和定理，可能会在推理过程中出现错误或困惑。

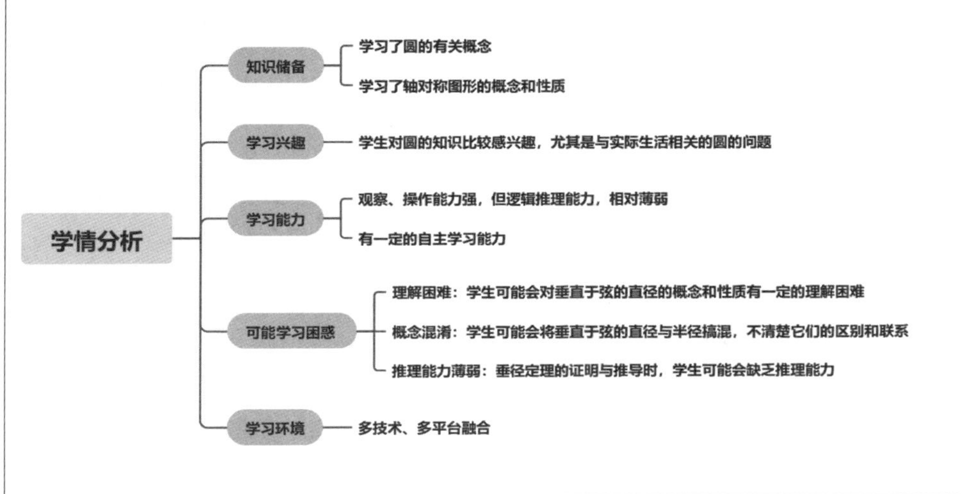

拟解决的问题及教学目标（对标核心素养做具体可行性目标）

拟解决的问题：运用垂径定理及推论解决实验问题。

教学目标：

知识结构	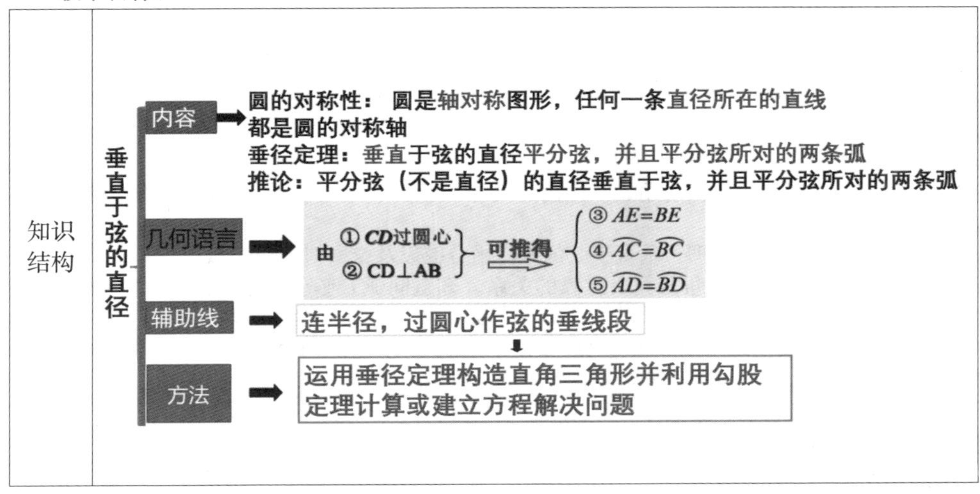

学科育人	知识育人：本内容是圆的知识的重要组成部分，通过学习垂直于弦的直径的性质，学生可以深入理解圆的基本性质和相关概念，掌握圆的相关计算和作图方法。这种知识的学习，可以提高学生的数学素养，为后续的学习打下基础。 思维育人：本内容的学习需要学生具备一定的逻辑推理能力和空间感知能力。在探究垂直于弦的直径的性质过程中，学生需要观察、分析、归纳等思维过程的参与，这可以培养学生的思维能力，提高学生的思维品质。 价值观育人：本内容的学习可以培养学生的数学价值观。通过探究垂直于弦的直径的性质，学生可以感受到数学知识的实用性和美学价值，增强对数学学科的认识和热爱。同时，小组合作探究的学习方式可以培养学生的合作精神和团队意识，提高学生的社会责任感。 能力育人：本内容的学习可以培养学生的自主学习能力和合作学习能力。学生需要具备一定的自主学习能力，才能在探究过程中积极思考、主动探究，自主解决问题。同时，学生需要具备合作学习能力，才能在小组合作中积极参与、互相学习、共同进步。这些能力的提升可以促进学生的全面发展，提高学生的综合素质。
核心素养	数学抽象素养：学生能够理解垂直于弦的直径的概念和性质，掌握相关的数学符号和公式，并能够进行简单的应用。 逻辑推理素养：学生能够通过观察、分析、归纳等思维过程，探究垂直于弦的直径的性质，并能够进行简单的证明。 数学建模素养：学生能够将垂直于弦的直径的性质与实际问题建立联系，能够利用数学知识解决简单的实际问题。 数学运算素养：学生能够掌握垂直于弦的直径的相关运算方法，并能够进行简单的计算。 应用意识：运用垂直于弦的直径的性质解决实际问题。

【教学案例课时学案设计】

垂直于弦的直径

人教版数学教材九年级上册《圆》单元第 2 课时

课标要求　　《圆》大单元课标要求

1. 理解圆、弧、弦、圆心角、圆周角的概念；了解等圆、等弧的概念；探索并掌握点与圆的位置关系。

2. 探索并证明垂径定理：垂直于弦的直径平分弦以及弦所对的两条弧。

3. 探索圆周角与圆心角及其所对弧的关系，知道同弧（或等弧）所对的圆周角相等。了解并证明圆周角定理及其推论：圆周角等于它所对弧上的圆心角的一半；直径所对的圆周角是直角，90° 的圆周角所对的弦是直径；圆内接四边形的对角互补。

4. 了解三角形的内心与外心。

5. 了解直线与圆的位置关系，掌握切线的概念。

6. 能用尺规作图：过不在同一直线上的三点作圆；作三角形的外接圆、内切圆；作圆的内接正方形和内接正六边形。

7. 能用尺规作图：过圆外一点作圆的切线。
8. 探索并证明切线长定理：过圆外一点的两条切线长相等。
9. 会计算圆的弧长、扇形的面积。
10. 了解正多边形的概念及正多边形与圆的关系。

本课时课标要求

1. 探索并证明垂径定理及其推论。
2. 能够运用垂径定理及其推论解决一些简单的实际问题。
3. 通过对垂径定理及其推论的学习，进一步感受数学与现实生活的密切联系，培养学生数学的应用意识。

【评价分析】

根据 SOLO 分类评价法把学生的学习结果分为五个层次，参照下面标准就学生对等腰三角形知识内容的掌握情况做出判断。

SOLO 分类评价	外显问题	内显特征
前结构层次	学生可能无法理解垂径定理及其推论的含义，无法运用这些定理解决简单的问题	学生基本上无法理解问题和解决问题
单点结构层次	学生可能能够理解垂径定理及其推论的基本概念和公式，但在解决具体问题时，可能只能单一地应用这些概念和公式，缺乏灵活性和变通性	只能涉及单一的要点
多点结构层次	学生能够理解垂径定理及其推论的基本概念和公式，并且能够在解决具体问题时，将这些概念和公式与题目中给出的其他信息或条件联系起来。但这种联系可能是表面的、不深入的	能联系多个孤立要点，但这些要点是相互孤立的，彼此之间并无关联，未形成相关问题的知识网络
关联结构层次	学生能够深入理解垂径定理及其推论的含义和应用，能够将它们与其他相关知识或情境联系起来，形成一种较为完整的理解。在解决具体问题时，能够灵活运用这些知识或情境进行推理和判断	能够联想问题的多个要点，并能将这多个要点联系起来，整合成一个连贯一致的整体
拓展抽象结构层次	学生能够超越具体的垂径定理及其推论的概念和公式，进行抽象和扩展。他们能够将垂径定理及其推论与其他数学知识或理论联系起来，形成一种更为深入的理解和运用。在解决具体问题时，能够灵活运用各种知识和方法进行推理和解决	能够进行抽象概括，从理论的高度分析问题，而且能够深化问题，使问题本身的意义得到拓展

根据 SOLO 分类评价细化评价表：

1. 课前前置导学（检测目标 1：互动微课完成情况）

评价项目	评价内容	评分标准			
		很好 等级：A	较好 等级：B	一般 等级：C	须努力 等级：D
互动微课导学	（1）完成知识胶囊的学习； （2）完成前置学习课堂互动检测	所有项目完成，积极参与课堂互动练习，准确率高。并能在知识胶囊的基础上进行深入学习和探究，发现并解决新的问题。等级：_____	所有项目完成，积极参与课堂互动练习，准确率高。 等级：_____	所有项目完成，课堂互动练习准确率较好。 等级：_____	完成部分任务。 等级：_____

2. 课中学习（检测目标 2：学习任务单及课堂参与完成情况）

评价项目	评价内容	评分标准			
		很好 等级：A	较好 等级：B	一般 等级：C	须努力 等级：D
知识技能	学习任务单	根据腾讯教育互动课件学习报告 90 分以上 等级：_____	根据腾讯教育互动课件学习报告 80—89 分 等级：_____	根据腾讯教育互动课件学习报告 70—79 分 等级：_____	根据腾讯教育互动课件学习报告 70 分以下 等级：_____
过程情感	参与课堂活动	能主动观察、操作、归纳、想象、推理，熟练用数学语言表达。 等级：_____	能主动观察、操作、归纳、想象、推理，用数学语言表达一般。 等级：_____	能主动观察、操作、归纳、想象、推理，还不能用数学语言表达。 等级：_____	能在他人的帮助下参与观察、操作、归纳、想象、推理。 等级：_____

3. 课后学习（检测目标 3：学习空间及课后个性化作业、网络画板实验情况）

评价项目	评价内容	评分标准			
		很好 等级：A	较好 等级：B	一般 等级：C	须努力 等级：D
课后学习	（1）课后个性化作业； （2）网络画板实验； （3）学习空间完成项目化作业。	所有项目完成，没有错误，能操作网络画板实验进行探究验证，并完成项目化作业良好。 等级：_____	所有项目完成，能操作网络画板实验进行探究验证，并完成项目化作业。 等级：_____	所有项目完成。 等级：_____	完成部分任务。 等级：_____

【资源与建议】

学生准备：前置学习、墨水屏电子纸

教师准备：腾讯教育合作学习墙、希沃知识胶囊、希沃白板课堂互动游戏、腾讯作业君学习平台检测题

网络画板：垂径定理及其推论证明

【学习过程】

学习任务一：课前导学

教学环节	教师活动	学生活动	技术、资源（含平台与工具）	设计意图
课前知识胶囊导学	1. 利用希沃知识胶囊发布预习内容，包括垂径定理的内容及简单应用微课及课堂互动练习。 2. 教师查阅学习报告，了解学情。发现学生普通对垂径定理的常见几何模型中的“半径垂直于弦”认为不属于垂径定理应用条件的范畴，说明学生对圆的对称性还未完全理解掌握，根据学情和课标要求将教学重点确定为探究垂径定理的推导过程。	1. 学生完成对知识胶囊的学习。 2. 完成课堂互动练习。	希沃知识胶囊 知识胶囊：垂直于弦的直径（微课来源：洋葱数学）	1. 学生通过自主学习，初步了解垂径定理的相关概念、内容及简单应用，并完成课堂互动练习。 2. 通过前置导学中的互动检测和评价标准，教师可以了解学生对前置学习的掌握情况，发现学生的问题和不足之处，为后续教学提供参考，以便更好地指导学生的学习。

学习任务二：课中学习

教学环节	教师活动	学生活动	技术、资源（含平台与工具）	设计意图
环节一：引入	视频：赵州桥。提出问题："赵州桥主拱桥所在圆的半径是多少？"引出课题"垂直于弦的直径"。	学生观看视频，进行师生互动。	视频资源	介绍赵州桥的历史背景，增强学生的文化自信。
环节二：探究圆的对称性、垂径定理	1. 剪一个圆形纸片，沿着它的任意一条直径对折，重复做几次，你发现了什么？由此你能得出什么结论？你能证明这个结论吗？ 2. 带领学生用两种方法证明圆的对称性。 3. 在证明圆的对称性的过程中，引导学生观察并理解垂直于弦的直径将平分弦，及平分弦所对的弧。	1. 折一折手中的圆形纸片，感受圆的对称性。 2. 探究圆的对称性的证明。 3. 探究垂径定理的证明。	网络画板 希沃白板课件	1. 先由折一折直观操作，再进行探究，上升为理论认识，能帮助学生更好地理解圆的对称性，增强学生对数学概念的理解。 2. 从圆的对称性出发，通过演绎推理得到了垂径定理。培养学生的观察能力和归纳能力。
环节三：探究垂径定理推论	1. 猜想：如果将直径垂直于弦的条件改为平分弦，会有什么样的结论？ 2. 带领学生探究垂径定理推论。 3. 把学生对垂径定理概念的混淆点、易错点设计成希沃课堂互动小游戏。	1. 观察圆的对称性和垂径定理的推导过程，探究垂径定理的推论。 2. 通过实践和证明，验证自己的猜测和结论。 3. 学生上台完成希沃课堂互动小游戏。	希沃白板 课堂互动小游戏	1. 学生首先需要通过观察和思考，猜测可能存在的数学规律和结论，然后通过实践和证明来验证这些猜测，从而得到正确的数学结论。 2. 培养学生的思维能力和探究精神，让学生学会通过猜测和证明来发现和验证数学规律，增强学生的数学理解和应用能力。 3. 在游戏的情境下了解学生的易错点是否弄明白。

环节四： 实际应用	1. 带领学生解决问题“赵州桥主拱桥所在圆的半径是多少”。 2. 提炼应用垂径定理及其推论解决问题的常用方法。引导学生理解这些方法的应用范围和适用条件，并能够灵活运用。 3. 在腾讯作业君平台发布当堂检测，即时查看学情报告，调整教学。	1. 积极参与教师组织的讨论和探究活动，积极思考和表达自己的观点和想法。 2. 灵活运用垂径定理及其推论解决问题。 3. 归纳和总结应用垂径定理及其推论解决问题的常用方法，并能够举一反三，解决类似问题。 4. 在腾讯作业君墨水屏平板上完成当堂检测。	希沃白板 腾讯作业君平台 墨水屏教育平板	1. 培养学生解决实际问题的能力。通过引导学生解决“赵州桥主拱桥所在圆的半径是多少”这个问题，让学生了解数学在实际生活中的应用，并培养学生运用数学知识解决实际问题的能力。 2. 提升学生的数学思维和推理能力。通过提炼应用垂径定理及其推论解决问题的常用方法，让学生掌握利用定理进行推理和解决实际问题的技巧，从而提升学生的数学思维和推理能力。 3. 利用腾讯作业君平台发布当堂检测，可以即时查看学情报告，以便教师根据学生的学习情况调整教学策略，更好地满足学生的学习需求。 4. 借助腾讯作业君平台的功能，可以让学生在完成检测后立即查看自己的学习成果，及时发现自己的不足之处，并加以改进。
教学环节五： 总结提升	1. 教师将本节课所学知识点以及解题方法等内容，以思维导图的形式进行梳理和呈现，要求学生跟随教师的思路，一同回顾和总结。 2. 教师提出一些问题，引导学生深入思考本节课所学内容的内在联系和应用场景，帮助学生加深对知识点的理解和记忆。	1. 学生跟随教师的思路，一同回顾和总结本节课所学知识点以及解题方法等内容，将其梳理成思维导图。 2. 学生根据教师提出的问题，深入思考本节课所学内容的内在联系和应用场景，加深对知识点的理解和记忆。	希沃白板 思维导图	1. 通过思维导图的形式，帮助学生将本节课所学知识点以及解题方法等内容进行梳理和总结，形成系统化的知识网络。 2. 通过引导学生深入思考知识点的内在联系和应用场景，帮助学生加深对知识点的理解和记忆。

学习任务三：课后学习（个性化作业、网络画板、合作学习墙）

课后个性化学习	1. 查阅课堂互动学习报告，根据学习报告，布置个性作业。 2. 在 UMU 平台布置项目化作业。 3. 网络画板，数学实验。 4. 在腾讯作业君平台上批阅作业，了解学情，进行补偿性教学设计。	1. 学生完成腾讯智慧作业。 2. 学生课后完成项目化作业，上传到UMU平台。 3. 学生操作网络画板，进行实验。	腾讯作业君平台 墨水屏平板 UMU 平台 数学网络画板	1. 通过查阅课堂互动学习报告，教师可以了解学生在课堂上的学习情况和互动参与度，从而根据学生的需求和兴趣布置个性化和具有针对性的作业。 2. 通过在 UMU 平台布置项目化作业，教师可以引导学生进行自主学习、合作学习和探究学习，提高学生的综合素质和能力。 3. 通过网络画板进行数学实验，通过实践操作来增强学生对数学知识的理解和掌握。将抽象的数学知识直观化。

8.2 技术引领下的数学智慧课堂复习课教学案例

数学复习课教学是数学教学中的一个重要环节，旨在帮助学生回顾和巩固所学知识，建立知识体系，提高解题能力和思维能力。在传统的数学复习课教学中，教师往往采用“题海战术”，让学生大量练习题目，这种方法不仅枯燥无味，而且效率低下。在数学智慧课堂中，数学复习教学也开始与信息技术深度融合，利用信息技术能提高复习效率和质量。

利用多媒体技术动态展示知识脉络

数学复习课教学需要帮助学生建立知识体系，让学生能够系统地掌握数学知识。利用多媒体技术可以将数学知识动态地展示出来，将抽象的概念、定理和公式等以直观、形象的方式呈现给学生。

例如，在复习“三角函数”这一章时，教师可以利用多媒体技术将三角函数的定义、公式和应用等知识点进行梳理和整合，制作成一个动态的思维导图。学生可以通过观看思维导图，快速回顾所学知识，同时了解知识点之间的联系和区别。这样的教学方式不仅能够提高复习效率，还能够培养学生的逻辑思维和归纳能力。

利用智能教学系统进行个性化复习

每个学生数学基础和学习能力都不同，因此需要个性化的复习方案。利用智能教学系统可以根据学生的学习情况和需求，提供针对性的复习内容和建议，实现个性化复习。

例如，智能教学系统可以根据学生的学习情况，自动生成相应的练习题目和试卷，检测学生的掌握情况。同时，系统还可以根据学生的答题情况，为学生提供相应的解题思路和提示，帮助学生发现自己的不足之处并加以改进。这样的教学方式不仅能够提高复习效率和质量，还能够培养学生的自主学习和探究能力。

利用网络资源拓展复习深度和广度

网络资源丰富多样，可以为学生提供更多的复习资源和拓展内容。教师可以引导学生利用网络资源进行自主学习和探究，拓展复习深度和广度。

例如，复习主题是“全等三角形”。在开始复习之前，教师可以引导学生回忆与全等三角形相关的概念和解题方法。教师可以引导学生搜索与全等三角形相关的网络资源，如教育网站、学术网站等。这些网站上通常会提供一些优质的几何题目和解题方法。教师引导学生将搜索到的资源进行整合，形成一个完整的复习资料库。教师可以引导学生利用整合的资源进行自主复习和探究。学生可以通过阅读资料、做题目、观看视频等方式进行复习。同时，教师也可以引导学生探究一些更深入的问题，如如何利用全等三角形的性质解决一些实际问题等。

技术引领下数学智慧课堂复习课教学案例——《等腰三角形复习》

【教学设计】

专题复习：简单的轴对称图形——等腰三角形

学校名称	深圳市罗湖区翠园实验学校			执教老师	黄缨
所属学科	数学	教学对象	七年级学生	课程学时	1

案例概述

本课采用项目式学习下的大单元教学模式，为北师大版七年级下册第五章《生活中的轴对称》的第 5 课时，内容为简单的轴对称图形——等腰三角形的专题复习课。本课采用三段式混合学习，课前学生完成项目化学习作业（长期作业）和前置作业，前置作业设计要求知识问题化，问题探究化；课中师生利用 NovaMind 思维导图将等腰三角形知识条理化、系统化，建构框架，提炼方法。学生在多平台、多技术的智慧学习环境下主动积极地学习，教师根据课堂即时反馈数据决策教学；课后根据互动课件学习报告提供个性化学习辅导和作业，根据授课情况提供网络画板开展数学实验，将抽象的数学知识直观化，促进学生对等腰三角形知识的建构，通过腾讯教育合作学习墙将在线学习与课堂教学相结合，开展线上线下融合的混合式教学，给学生创造性学习、表达与交流展示的平台。

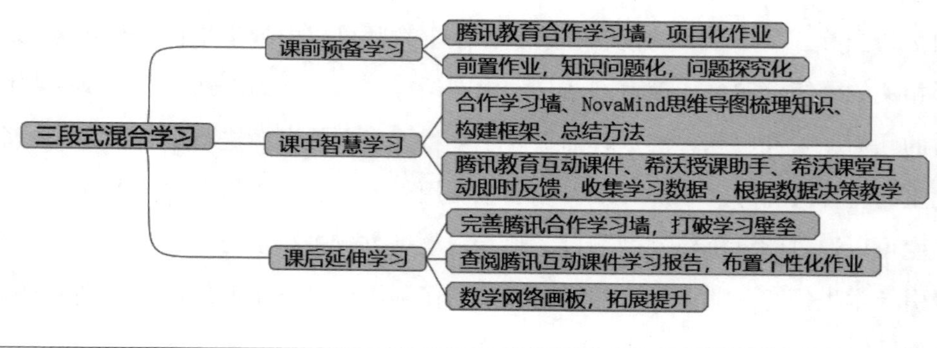

学情分析

本课为北师大版七年级下册第五章简单的轴对称图形——等腰三角形的复习课。等腰三角形在初中几何中占有重要的地位，学生在此之前学习了等腰三角形的轴对称性及其相关性质，但由于学生才刚刚接触几何，对几何的学习方法运用得还不够好，对等腰三角形的知识点还是会模糊，对用规范的几何语言描述几何图形和几何图形的性质和应用也需要加强，特别是需要添加辅助线才能解决有关等腰三角形的问题方面部分同学更是无从下手。

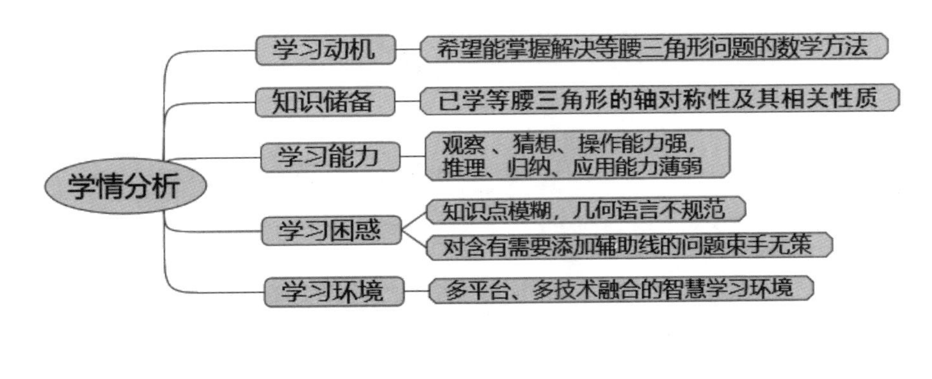

拟解决的问题及教学目标（对标核心素养做具体可行性目标）

拟解决的问题：整理等腰三角形的知识点，建构框架，提炼方法。

教学目标：

<table>
<tr><td>知识结构</td><td>整理等腰三角形的知识点，建构框架，提炼方法： 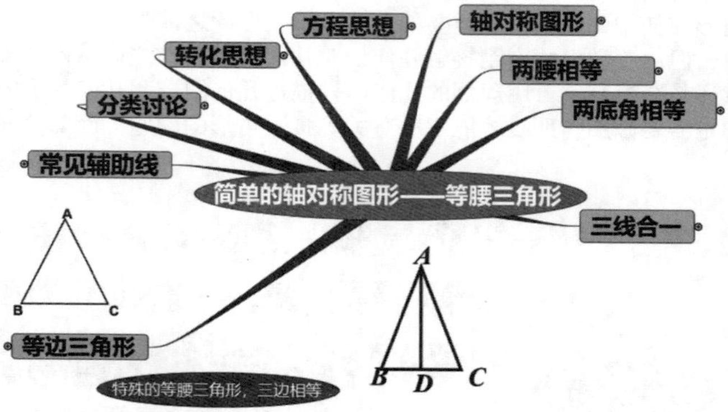
简单的轴对称图形——等腰三角形
方程思想
轴对称图形
转化思想
两腰相等
分类讨论
两底角相等
常见辅助线
三线合一
等边三角形
特殊的等腰三角形，三边相等
A B C
A B D C</td></tr>
<tr><td>学科育人</td><td>在经历等腰三角形性质、方法“再发现”的过程中，发展质疑问难的批判性思维，形成实事求是的科学态度，初步养成有条理的思维品质，逐步形成理性精神。</td></tr>
<tr><td>核心素养</td><td>核心素养
会用数学的眼光观察现实世界：规范几何语言，培养抽象能力（符号意识）；几何直观、空间观念；创新意识
会用数学的思维思考现实世界：揭示等腰三角形的本质属性，构建逻辑体系；能够运用符号语言、形式推理等数学方法，分析、解决等腰三角形问题
会用数学的语言表达现实世界：用数学语言表达等腰三角形中的简单逻辑关系与空间形式；形成数学的表达与交流能力，发展应用意识与实践能力</td></tr>
</table>

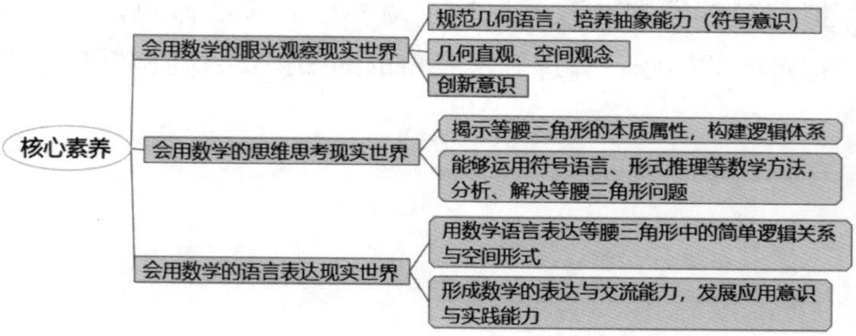

【教学总体思路与策略】

教学总体思路：在智慧教育环境下，合理利用智慧教学工具，创新教学模式，采取合适的信息技术支持学生创造性学习、表达与交流展示。

教学策略：

教学策略分析：

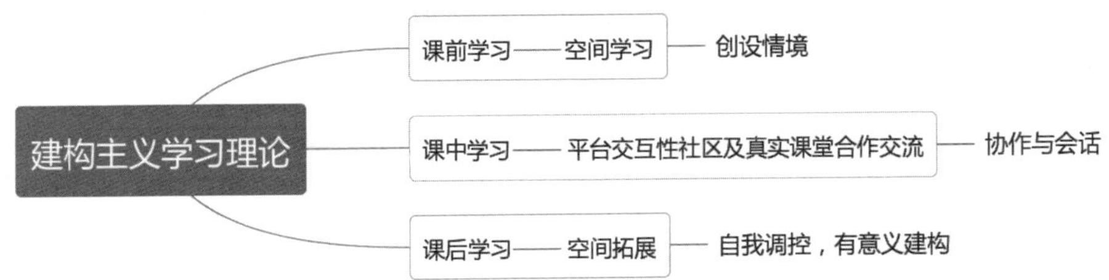

借助 NovaMind 思维导图软件系统将等腰三角形内容条理化、系统化。借助腾讯教育互动课件及其他技术，教师能够即时掌握师生互动和学情反馈，学生能够在完成任务下掌握本节课的学习内容。通过数学网络画板，打破传统课堂边界，开展数学实验，将抽象的数学知识直观化，促进学生对数学概念的理解和数学知识的建构。通过腾讯教育合作学习墙将在线学习与课堂教学相结合，开展线上线下融合的混合式教学，给学生创设创造性学习、表达与交流展示的平台。

【教学框架】

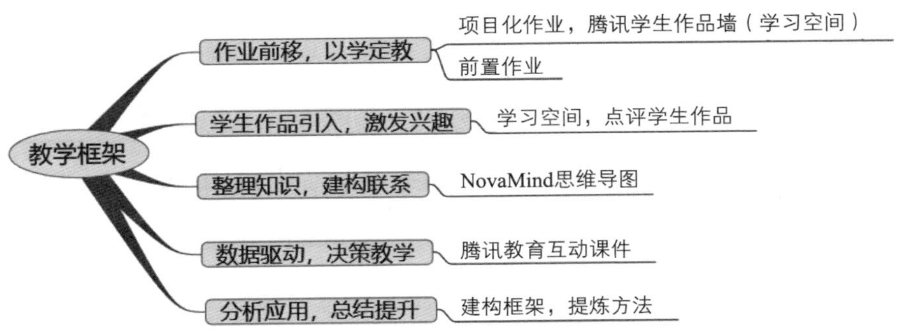

【教学案例课时学案设计】

专题复习：简单的轴对称图形——等腰三角形

北师大出版社数学教材七年级下册《生活中的轴对称》单元第 5 课时

课标要求　　《生活中的轴对称》大单元课标要求

1. 在研究图形性质和运动、确定物体位置等过程中，进一步发展空间观念：经历借助图形思考问题的过程，初步建立几何直观。

2. 通过具体实例了解轴对称的概念，探索它的基本性质：成轴对称的两个图形中，对应点的连线被对称轴垂直平分。

3. 给定对称轴，能画出简单平面图形（点、线段、直线、三角形等）关于给定对称轴的对称图形。

4 了解轴对称图形的概念；探索等腰三角形、线段、角的轴对称性。

5. 了解等腰三角形的概念，探索等腰三角形的性质：等腰三角形的两底角相等；底边上的高线、中线及顶角平分线重合；有两个角相等的三角形是等腰三角形。探索等边三角形的轴对称性：有三条对称轴，等边三角形的各角都等于 60°。

6. 认识和欣赏自然界和现实生活中的轴对称图形。

本课时课标要求

1. 进一步发展空间观念，初步建立几何直观。

2. 通过等腰三角形进一步掌握轴对称的概念，探索它的基本性质：对应点的连线被对称轴垂直平分。

3. 探索等腰三角形的轴对称性：等腰三角形的两底角相等；底边上的高线、中线及顶角平分线重合；有两个角相等的三角形是等腰三角形。探索等边三角形的轴对称性：有三条对称轴，等边三角形的各角都等于 60°。

学习目标　　《生活中的轴对称》大单元学习目标

1. 在丰富的现实情境中，经历观察、折叠、剪纸、图形欣赏与设计等数学活动过程，进一步积累数学活动经验和发展空间观念。

2. 通过丰富的生活实例认识轴对称，探索它的基本性质，理解对应点的连线被对称轴垂直平分的性质。

3. 探索并了解基本图形（线段、角、等腰三角形）的轴对称性及其相关性质。

4. 能够按要求画出简单平面图形经过轴对称后的图形；探索简单图形之间的轴对称关系，并能指出对称轴。

5. 欣赏轴对称图形，在探索轴对称和利用轴对称进行设计的过程中，进一步体会轴对称在现实生活中的广泛应用和丰富的文化价值，增强数学学习的兴趣。

本课时学习目标

1. 系统梳理等腰三角形、等边三角形的性质等知识，提示等腰三角形的本质属性，构建逻辑体系。

2. 规范几何语言，培养符号意识，形成数学的表达与交流能力。

3. 能灵活应用等腰三角形的性质和判定解决有关问题，在此过程中体会方程、转化、分类的思想。

【评价任务】

评价分析：

根据 SOLO 分类评价法把学生的学习结果分为五个层次，参照下面标准就学生对等腰三角形知识内容的掌握情况做出判断。

SOLO 分类评价	外显问题	内显特征
前结构层次	对等腰三角形特征混乱	学生基本上无法理解问题和解决问题
单点结构层次	仅能了解等腰三角形某一特征	只能涉及单一的要点
多点结构层次	能叙述等腰三角形所有特征，不能找到知识点内在联系	能联系多个孤立要点，但这些要点是相互孤立的，彼此之间并无关联，未形成相关问题的知识网络
关联结构层次	系统画出等腰三角形知识思维导图，了解内在联系	能够联想问题的多个要点，并能将这多个要点联系起来，整合成一个连贯一致的整体
拓展抽象结构层次	熟练运用知识点解决问题	能够进行抽象概括，从理论的高度分析问题，而且能够深化问题，使问题本身的意义得到拓展

根据 SOLO 分类评价细化评价表：

1. 课前前置学习（检测目标 1：合作学习墙完成情况）

评价项目	评价内容	评分标准			
		很好 等级：A	较好 等级：B	一般 等级：C	须努力 等级：D
合作学习墙	（1）制作等腰三角形； （2）思维导图整理等腰三角形知识点； （3）等腰三角形常见辅助线； （4）等腰三角形常见几何模型； （5）反思。	所有项目完成，并能用几何语言说明、解释，能与他人作品进行互动，点评到位。 等级：______	所有项目完成，并能用几何语言说明、解释，能与他人作品进行互动。 等级：______	所有项目完成。 等级：______	完成部分任务。 等级：______

2. 课中学习（检测目标 2：学习任务单 9 道题及课堂参与完成情况）

评价项目	评价内容	评分标准			
		很好 等级：A	较好 等级：B	一般 等级：C	须努力 等级：D
知识技能	学习任务单 9 道题	根据腾讯教育互动课件学习报告 90 分以上 等级：_____	根据腾讯教育互动课件学习报告 80—89 分 等级：_____	根据腾讯教育互动课件学习报告 70—79 分 等级：_____	根据腾讯教育互动课件学习报告 70 分以下 等级：_____
过程情感	参与课堂活动	能主动观察、操作、归纳、想象、推理，熟练用数学语言表达。 等级：_____	能主动观察、操作、归纳、想象、推理，用数学语言表达一般。 等级：_____	能主动观察、操作、归纳、想象、推理，还不能用数学语言表达。 等级：_____	能在他人的帮助下参与观察、操作、归纳、想象、推理。 等级：_____

3. 课后学习（检测目标 3：合作学习墙及课后个性化作业、网络画板实验情况）

评价项目	评价内容	评分标准			
		很好 等级：A	较好 等级：B	一般 等级：C	须努力 等级：D
课后学习	（1）合作学习墙； （2）课后个性化作业； （3）网络画板实验。	所有项目完成，数学语言规范，没有错误，能与他人作品进行互动，点评到位。 等级：_____	所有项目完成，数学语言规范，错误较少，能与他人作品进行简单互动。 等级：_____	所有项目完成。 等级：_____	完成部分任务。 等级：_____

【资源与建议】

小组准备：完成项目化学习作业、思维导图、前置作业、二维答码卡

教师准备：腾讯教育合作学习墙、NovaMind 思维导图课件、希沃白板课堂互动游戏、网络画板（专题复习等腰三角形例题）（备注：如果不能直接超链接到网络画板，可将网址复制到浏览器中，即可打开 https://www.netpad.net.cn/svg.html#posts/589064）

【学习过程】

学习任务一：课前学习

活动 1：完成合作学习墙（长期作业）（https://wall.qq.com/?tenant_id=1#/workswall/EvXbrl）

活动 2：前置作业学生独立完成

学习任务二：课中学习

教学环节	教师活动	学生活动	技术、资源（含平台与工具）	设计意图
环节一：引入	教师展示学生作品墙，简单点评，等腰三角形在初中数学占有重要地位，本节课将系统复习整理等腰三角形知识，引出本节课课题。	学生评析作品墙	腾讯学生作品墙	支持学生创造性学习与表达：利用作品墙支持学生创造性学习、表达与交流展示，从而鼓励和引导学生的主体观察和体验，表达内心的真实感受，优化成果的表现方式，创造多样化的学生表达与分享的机会。
环节二：整理与归纳	1. 教师带领学生系统整理等腰三角形的定义、性质，同学回答问题、互相补充。整理得出等边三角形是特殊的等腰三角形，本课仅研究等腰三角形的性质与运用。 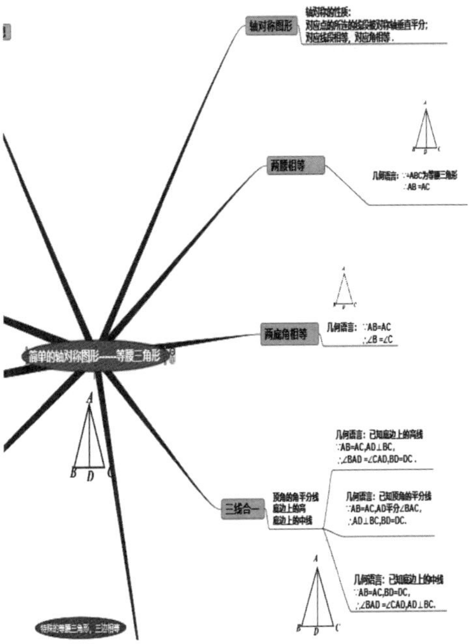 简单的轴对称图形——等腰三角形 轴对称图形 轴对称的性质： 对应点的所连的线段被对称轴垂直平分； 对应线段相等，对应角相等． 两腰相等 几何语言：∵△ABC为等腰三角形 ∴AB＝AC 两底角相等 几何语言：∵AB=AC ∴∠B＝∠C 三线合一 顶角的角平分线 底边上的高 底边上的中线 几何语言：已知底边上的高线 ∵AB=AC,AD⊥BC, ∴∠BAD＝∠CAD,BD=DC． 几何语言：已知顶角的平分线 ∵AB=AC,AD平分∠BAC, ∴AD⊥BC,BD=DC. 几何语言：已知底边上的中线 ∵AB=AC,BD=DC, ∴∠BAD＝∠CAD,AD⊥BC. 特殊的等腰三角形，三边相等		NovaMind 思维导图 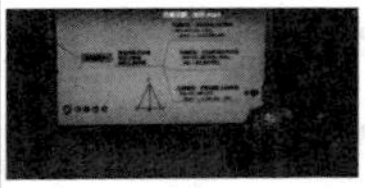	带领学生系统整理等腰三角形的性质，提炼内在逻辑。提醒学生要规范地用几何语言表达等腰三角形的性质。

探究解决等腰三角形问题常用的数学方法	1. 方程思想。 （1）用腾讯互动课件了解学生的前置作业情况，根据情况指名说一说解题思路。 在△ ABC 中，AB=AC，BD=BC=AD，则∠ A 的度数是多少？ 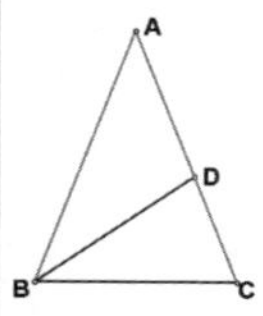 小结：当三角形中角（或线段）之间存在倍分、相等关系时，往往通过设未知数，利用已知条件找等量关系或者三角形内角和定理列出方程，从而求解。 （2）引导学生根据所归纳方法检查第 2 题 . 2. 转化思想。 已知△ ABC，AB=AC，BD 平分∠ ABC，CD 平分∠ ACB，若过 D 作 EF ∥ BC 交 AB 于 E，交 AC 于 F， （1）图中有（ ）个等腰三角形？ （2）BE、CF 和 EF 之间的长度有何关系？ 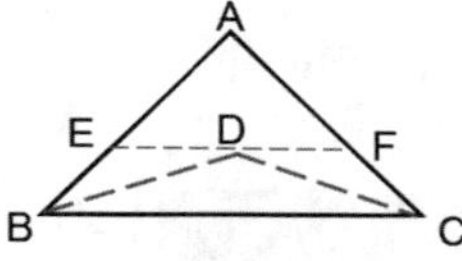 （3）若 AB=10，求 ΔAEF 的周长。 教师将学生前置作业拍照上传，点评。 小结： 角与角的转化： 相等角之间的等量代换 边与角的转化：等边对等角。 等角对等边。 边与边的转化：相等线段之间等量代换。	学生学生出示答题二维码，进行答题。 学生展示自己的解法。  归纳本题所用数学思想。 学生检查自己的前置作业后用答题码反馈答题。 学生上台说一说自己的想法，同学没有说全的其他同学补充。  学生小结转化思想在等腰三角形中的应用。	腾讯智慧教育互动课件，可即时反馈学生答题结果，课后可生成报告。 NovaMind 思维导图 腾讯智慧教育互动课件 希沃授课助手	根据学生情况进行精准化教学。 让学生学会归纳数学方法、数学思想，掌握可用方程思想去解决几何问题。 让学生了解等腰三角形中如何进行角与角、边与角、边与边之间的转化。

探究解决等腰三角形问题常用的数学方法	3. 分类讨论。 等腰三角形一腰上的高与另一腰的夹角为 30°，求顶角的度数。 等腰三角形的一个内角为 80°，求它的顶角是 ________。 如果等腰三角形的两边长分别是 3cm、7cm，那么这个三角形的周长为 ____________。 探究：何种情况需要分情况讨论？ 小结：当顶角和底角不确定时；当腰和底边不确定时；当高的位置不确定时。 4. 常见的辅助线。 如图，在△ ABC 中，AB = AC，D 是 BC 的中点，过点 A 作 EF // BC，且 AE = AF，求证：DE = DF。 小结：利用“三线合一”作辅助线。 如图，在△ ABC 中，AB = AC，点 P 从点 B 出发沿线段 BA 移动，同时，点 Q 从点 C 出发沿线段 AC 的延长线移动，点 P、Q 移动的速度相同，P、Q 与直线 BC 相交于点 D。 求证：PD = QD 小结：作平行线。	学生出示答题二维码，进行答题。 将学生作业拍照上传，学生上台讲解自己的做题思路。	腾讯智慧教育互动课件 希沃授课助手	让学生能够根据题目中的条件分类讨论。 辅助线能够使隐藏的条件显现化、复杂问题简单化，帮助学生掌握如何添加常见的辅助线。
环节四：轻松一刻	把学生易错点设计成希沃课堂互动小游戏。	学生上台完成希沃课堂互动小游戏。	希沃白板课堂互动小游戏。	在轻松的氛围中了解学生的易错点是否弄明白。

学习任务三：课后学习（个性化作业、网络画板、合作学习墙）

课后个性化学习	1. 查阅课堂互动学习报告，根据学习报告，布置个性作业。 2. 学生课后完善腾讯学生作品墙。 3. 网络画板，数学实验。	学生完成腾讯智慧作业：个性化课后作业。	腾讯智慧教育互动课件 学生作品墙 数学网络画板	通过课后查阅互动课件教学报告，能够了解学生个体的具体答题情况，提供对应的个性化作业。利用学生作品墙拓展学生的学习空间。 将抽象的数学知识直观化，促进学生对等腰三角形的理解和数学知识的建构。

（注：本案例获得2022年全国师生信息素养提升实践活动融合创新应用教学案例创新作品）

8.3 技术引领下的数学智慧课堂综合与实践教学案例

《义务教育数学课程标准（2022年版）》中指出，综合与实践领域，主要以跨学科项目式学习的方式，以问题解决为导向，整合数学与其他学科的知识和思想方法，让学生从数学的角度观察与分析、思考与表达、解决与阐释社会生活以及科学技术中遇到的现实问题，感受数学与科学、技术、经济、金融、地理、艺术等学科领域的融合，积累数学活动经验，体会数学的科学价值，提高发现与提出问题、分析与解决问题的能力，发展应用意识、创新意识和实践能力。

数学综合与实践是数学课程的一个重要组成部分，旨在通过综合运用数学知识、方法和技能，解决实际问题，培养学生的创新精神和实践能力。信息技术在数学综合与实践教学中发挥着重要作用，可以提供更加丰富、多样化的学习资源和学习工具，促进学生的自主学习和合作探究。

以下是信息技术在数学综合与实践教学中的一些应用：

提供数字化学习资源

信息技术可以为学生提供大量的数字化学习资源，包括文字、图片、视频、音频等。这些资源可以帮助学生更好地理解数学知识，提高学生的学习兴趣和参与度。例如，教师可以利用网络资源为学生提供实际问题的背景资料、相关的数学知识和应用案例等，帮助学生了解数学知识的实际应用价值。

促进探究式学习

信息技术可以为学生提供探究式学习的环境和工具，帮助学生进行自主探究和合作探究。例如，教师可以利用数学软件进行探究式学习活动，让学生通过观察、实验、推理等方式探究数学规律和问题，培养学生的探究精神和创新能力。

支持问题解决学习

信息技术可以支持问题解决学习，即让学生通过解决实际问题来应用数学知识。例如，教师可以利用信息技术设计一些实际问题，让学生利用数学知识进行分析、推理和解决。这样可以帮助学生更好地理解数学知识的实际应用价值，提高学生的实践能力。

以下是信息技术在数学综合与实践教学中的一些具体案例：

利用数字星球进行“地球的周长”测量实践

数字星球是一种虚拟现实技术，可以让学生身临其境地观察星球表面的形状和结构。在“地球的周长”测量实践中，教师可以利用数字星球让学生观察地球的形状和周长，并通过测量工具进行实际测量。这样可以帮助学生更好地理解圆的周长公式和测量方法，提高学生的观察能力和实践能力。

利用数学建模软件进行“解决实际问题的模型”建模实践

数学建模软件可以为学生提供建立数学模型和解决问题的工具。在“解决实际问题的模型”建模实践中，教师可以利用数学建模软件引导学生建立实际问题的数学模型，并解决问题。例如，在“人口增长”的问题中，教师可以引导学生建立指数增长模型或线性回归模型等，并通过软件进行计算和分析。这样可以帮助学生更好地理解数学建模的方法和步骤，提高他们的建模能力和解决问题的能力。

利用网络资源进行“生活中的数学”拓展学习实践

网络资源可以为学生提供大量的拓展学习资源和实践机会。在“生活中的数学”拓展学习实践中，教师可以利用网络资源为学生提供生活中的各种数学问题和知识，并引导学生进行自主学习和合作探究。例如，教师可以引导学生搜索生活中的各种数学问题和知识，如银行利率、股票价格等，并利用数学知识进行分析和解决。这样可以帮助学生开阔视野、拓展数学知识，提高学生的自主学习能力和合作探究能力。

技术引领下数学智慧课堂综合与实践教学案例——平面图形的镶嵌

<table>
<tr><td>学校名称</td><td colspan="3">深圳市罗湖区翠园实验学校</td><td>执教老师</td><td>黄缨</td></tr>
<tr><td>所属学科</td><td>数学</td><td>教学对象</td><td>八年级学生</td><td>课程学时</td><td>1</td></tr>
<tr><td colspan="6">案例概述
本课为北师大版八年级下册的一节综合与实践课，是在学习了平行四边形单元后，图形的旋转、多边形的内角和、正多边形的性质的基础上的综合与实践课，它体现了多边形内角和公式在实际生活中的应用。综合与实践领域是2022年版课标中四大领域之一，这一课程领域体现了综合性与实践性，采用项目式学习的方式，以问题解决为导向，让学生从数学的角度观察与分析、思考与表达、解决与阐释社会生活以及科学技术中遇到的现实问题。本课采用三段式混合学习，课前教师利用学习空间进行前置学习，包括探究镶嵌的概念，学生完成课前导学。教师查阅学习报告，了解学情，调整教学设计。课中师生利用多媒体、网络画板、作业君平台探究图形的镶嵌及原理。学生在多平台、多技术的智慧学习环境下主动积极地学习，教师根据课堂即时反馈数据决策教学。课后学生根据图形的镶嵌进行图案设计，在学习空间发布并互相点评。</td></tr>
<tr><td colspan="6">学情分析
学生在小学已初步接触过平面图形的镶嵌，本学期又学习了多边形的内角和、外角和公式，会计算正多边形的内角。本班学生的学习能力较强，特别是信息技术能力，包括能够熟练运用网络画板、希沃白板。学习动机方面，八年级学生喜欢用信息技术去做一些几何方面的数学实验，希望将数学知识应用到生活中去。学习困惑为，八年级的学生对平面图形的镶嵌的认识大多来源于对生活实例的感性认识，对内在的规律往往关注不够。</td></tr>
</table>

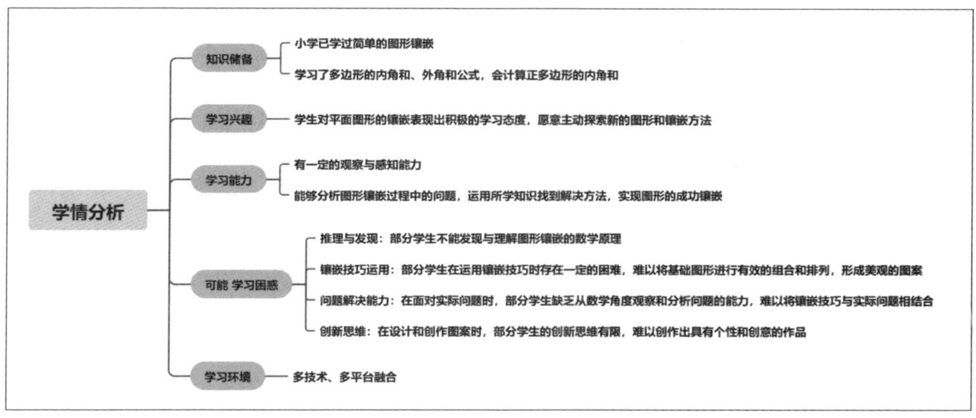

拟解决的问题及教学目标（对标核心素养做具体可行性目标）

拟解决的问题：掌握平面图形的镶嵌原理，设计出新颖、美观的镶嵌图案。

教学目标：

知识结构	学习平面图形的镶嵌及其数学原理，建构框架，提炼方法： 镶嵌 概念要点：一种或几种形状相同的图形；不留空隙；不重叠；有公共顶点 条件：每个拼接点处的多边形的内角和为360度 一种正多边形：（正三角形）等边三角形；正方形；正六边形 一般三角形：六个全等三角形 一般四边形：四个全等四边形 两种正多边形：正三角形和正方形；正三角形和正六边形；正方形与正八边形；更多 两种及以上多边形（课后讨论） 设计图案（作业）

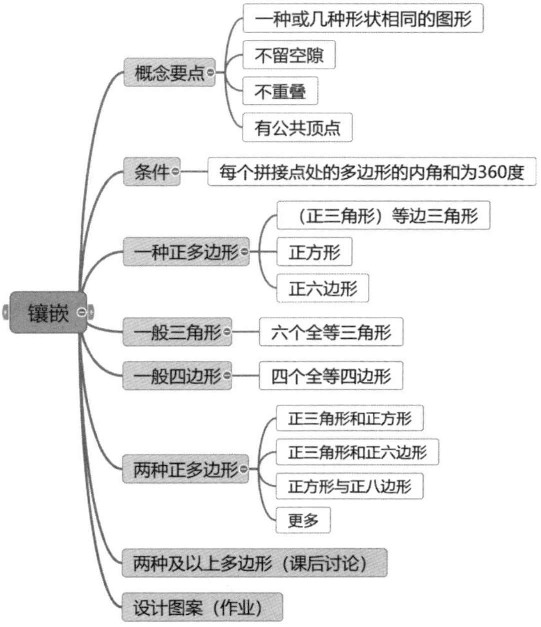

<table>
<tr><td>学科
育人</td><td>知识育人：
1. 掌握图形的镶嵌原理和基本方法，了解不同形状、大小、颜色的图形如何进行拼接和组合。
2. 理解多边形的内角和公式及其在镶嵌中的应用，能够根据公式计算出不同形状的多边形的内角和。
3. 认识图形的对称性和周期性，理解如何运用这些性质进行图形的镶嵌设计。
思维育人：
1. 通过观察和分析图形的形状、大小和颜色等特征，培养学生的逻辑思维和推理能力。
2. 鼓励学生发挥自己的想象力和创造力，设计和创作出新颖、美观的镶嵌图案，培养学生的创新意识和创意思维。
3. 引导学生分析和解决镶嵌过程中遇到的问题，如拼接处的处理、色彩搭配等，培养学生的问题解决能力和实践能力。
价值观育人：
1. 通过平面图形的镶嵌学习，培养学生的数学精神和科学态度，使其认识到数学在现实生活中的应用价值。
2. 通过欣赏和创作美丽的镶嵌图案，培养学生的审美观念和艺术素养，提高其发现美、欣赏美、创造美的能力。
3. 在小组合作学习和集体创作中，培养学生的合作精神和集体意识，使其学会相互协作、共同进步。
能力育人：
1. 通过实际操作和制作镶嵌作品，培养学生的动手能力和实践能力，提高其手脑并用的能力。
2. 在小组讨论、作品展示等环节中，培养学生的沟通能力和表达能力，使其能够清晰地表达自己的想法和观点。
3. 通过自主探究和学习，培养学生的自主学习能力和终身学习能力，使其能够独立思考、自主解决问题。</td></tr>
<tr><td>核心
素养</td><td>数学抽象：从具体的物体中抽象出几何图形，理解图形的形状、大小、颜色等特征，为后续的镶嵌学习打下基础。
逻辑推理：通过观察和分析图形的形状、大小和颜色等特征，运用逻辑推理和数学方法，探究图形的镶嵌规律和原理。
数学建模：将图形的镶嵌问题转化为数学模型，通过建立数学方程和公式，解决镶嵌过程中的问题。
直观想象：通过直观想象和感知，理解图形的形状、大小、颜色等特征，设计和创作出新颖、美观的镶嵌图案。
数学运算：计算图形的面积、周长等数值，以及进行图形的拼接和组合等操作，需要精确的数学运算能力。
创新思维：通过观察、想象、创新等方式，设计和创作出新颖、美观的镶嵌图案，发挥学生的想象力和创造力。
应用意识：通过学习和欣赏镶嵌图案，了解数学文化及其在现实生活中的应用价值，培养学生的数学兴趣和科学精神。</td></tr>
</table>

《平面图形的镶嵌》

北师大版八年级下册综合与实践

【教学目标】

1. 感受生活中平面图形的镶嵌，理解平面镶嵌的概念，引导学生会用数学的眼光观察现实世界。

2. 通过数学实验(借助网络画板或希沃学科工具)，发现并验证多边形镶嵌平面的条件，引导学生会用数学的思维思考现实世界，表达现实世界。

3. 通过平面图形镶嵌的设计，积累数学活动经验，发展空间观念，培养学生综合运用知识的能力和审美情趣。

【评价任务】

评价分析

根据SOLO分类评价法把学生的学习结果分为五个层次，参照下面标准就学生对平面图形的镶嵌的掌握情况做出判断。

SOLO 分类评价	外显问题	内显特征
前结构层次	学生没有掌握镶嵌的基本知识，无法理解题目要求，无法进行镶嵌操作。在这一层次，学生缺乏基本的知识和技能，无法完成镶嵌任务。	学生基本上无法理解问题和解决问题。
单点结构层次	学生只能简单地按照教师的示范或课本的示例进行镶嵌操作，但无法独立完成任务。在这一层次，学生缺乏独立思考和解决问题的能力，需要更多的指导和支持。	只能涉及单一的要点。
多点结构层次	学生能够掌握镶嵌的基本知识和方法，并能够运用多种方法进行镶嵌设计。但他们在解决问题时往往只能考虑到其中的某些方面，不能全面思考。在这一层次，学生需要进一步提高综合分析和解决问题的能力。	能联系多个孤立要点，但这些要点是相互孤立的，彼此之间并无关联，未形成相关问题的知识网络。
关联结构层次	学生能够理解镶嵌的原理和规律，并能够运用所学知识进行复杂的镶嵌设计。他们能够全面思考问题，并将不同知识点进行关联和运用。在这一层次，学生已经具备了较高的数学素养和解决问题的能力。	能够联想问题的多个要点，并能将这多个要点联系起来，整合成一个连贯一致的整体。
拓展抽象结构层次	学生能够抽象出镶嵌的数学模型和规律，并能够运用数学方法进行深入的探究和拓展。他们能够独立思考和创新，提出新的观点和见解。在这一层次，学生已经具备了较高的数学素养和创新能力。	能够进行抽象概括，从理论的高度分析问题，而且能够深化问题，使问题本身的意义得到拓展。

根据 SOLO 分类评价细化评价表：

1. 课前前置学习（检测目标 1：合作学习墙完成情况）

<table>
<tr><td rowspan="2">评价项目</td><td rowspan="2">评价内容</td><td colspan="4">评分标准</td></tr>
<tr><td>很好
等级：A</td><td>较好
等级：B</td><td>一般
等级：C</td><td>须努力
等级：D</td></tr>
<tr><td>前置导学</td><td>自主用希沃白板或纸片操作实验，完成学习任务单：
1. 搜集、数学建模：搜集生活中的镶嵌图片，平面图形镶嵌的概念、平面图形镶嵌的特征；
2. 用网络画板（希沃白板、纸片）自主实验：一种多边形的镶嵌；两种或两种以上正多边形(一般多边形)镶嵌。</td><td>自主设计镶嵌图案：学生能够运用所学知识，自主设计出新颖、美观的镶嵌图案，展示出创新思维和审美能力。
对镶嵌的实际应用提出见解：学生能够结合搜集的资料和实验结果，对镶嵌在实际生活中的应用提出自己的见解和思考，体现出对知识的深度理解和运用能力。
与他人合作与交流：学生能与同学或老师进行合作与交流，分享自己的实验结果和见解，促进知识的共享与拓展。

等级：_____</td><td>多种正多边形的镶嵌实验：学生能用网络画板或纸片成功完成两种或两种以上正多边形的镶嵌实验，表现出对镶嵌规律的深入理解。
平面图形镶嵌的特征分析：学生能够通过对搜集的图片和实验结果的分析，总结出平面图形镶嵌的基本特征，如周期性、对称性等。
数学建模能力：学生能将实际生活中的镶嵌问题抽象为数学模型，并运用数学知识进行解决，体现出数学建模的能力。

等级：_____</td><td>搜集的图片数量和质量：学生能够搜集到足够数量且具有代表性的镶嵌图片，反映出对镶嵌概念的基本理解。
平面图形镶嵌的概念理解：学生能够准确解释平面图形镶嵌的定义和基本概念，表明对镶嵌有初步的认识。
一种多边形的镶嵌实验：学生能用网络画板或纸片成功完成一种多边形的镶嵌实验，证明对镶嵌的基本操作有所了解。

等级：_____</td><td>完成部分任务。

等级：_____</td></tr>
</table>

2. 课中学习（检测目标 2：学习任务单及课堂参与完成情况）

评价项目	评价内容	评分标准			
		很好 等级：A	较好 等级：B	一般 等级：C	须努力 等级：D
知识技能	学习任务单	根据腾讯教育互动课件学习报告 90 分以上 等级：______	根据腾讯教育互动课件学习报告 80—89 分 等级：______	根据腾讯教育互动课件学习报告 70—79 分 等级：______	根据腾讯教育互动课件学习报告 70 分以下 等级：______
过程情感	参与课堂活动	能主动观察、操作、归纳、想象、推理，熟练用数学语言表达。 等级：______	能主动观察、操作、归纳、想象、推理，用数学语言表达一般。 等级：______	能主动观察、操作、归纳、想象、推理，还不能用数学语言表达。 等级：______	能在他人的帮助下参与观察、操作、归纳、想象、推理。 等级：______

3. 课后学习（检测目标 3：合作学习墙及课后个性化作业、网络画板实验情况）

评价项目	评价内容	评分标准			
		很好 等级：A	较好 等级：B	一般 等级：C	须努力 等级：D
课后学习	1. 课后个性化作业； 2. 图形的镶嵌图案设计。	所有项目完成，能够设计出独特、新颖、具有艺术价值的镶嵌图案，能够将其他领域的知识和技巧融入设计中。并对自己的设计理念进行清晰的表述。 等级：______	所有项目完成，能够发挥创新思维，设计出新颖、美观、具有实用价值的镶嵌图案，并能简单陈述。 等级：______	所有项目完成。能理解基本的镶嵌概念，并能用网络画板或绘图进行简单的镶嵌设计。 等级：______	不能完成简单的镶嵌图案设计。 等级：______

【资源与建议】

学生准备：完成前置学习作业、墨水屏教育平板

教师准备：网络画板、腾讯作业君平台、思维导图

学习过程

学习任务一：课前学习

教学环节	教师活动	学生活动	技术、资源（含平台与工具）	设计意图
课前导学	发布前置导学任务。	1. 搜集生活中的镶嵌图片，平面图形镶嵌的概念、平面图形镶嵌的特征。 2. 用网络画板（希沃白板、纸片）自主实验：一种多边形的镶嵌；两种或两种以上正多边形（一般多边形）镶嵌	网络画板	1. 通过搜集、观察、分析生活中的镶嵌图片，学生可以更加直观地了解镶嵌的概念和实际应用，从而加深对镶嵌的理解和认识。2. 通过自主实验和资料搜集，学生可以更加深入地了解镶嵌的概念、特征和方法。

学习任务二：课中学习

教学环节	教师活动	学生活动	技术、资源（含平台与工具）	设计意图
环节一：引入	驱动性问题：学校有一块空地要铺设地板，请你利用一种、两种或两种以上的正多边形（平面图形）设计漂亮的地板图案。引出本节课课题。	学生思考：根据所学知识，如何使用正多边形进行地板图案的设计。	视频展示学校空地	通过实际问题的引入，使学生更加明确学习的目的和意义。
环节二：探究平面图形的镶嵌的概念	1. 组织展示与观察：教师有序地组织学生进行展示，同时鼓励其他学生仔细观察，寻找这些镶嵌图案中的共同点和特点。 2. 引导提炼特征：教师提问，如："你们发现这些图案有哪些共同之处？""它们是如何进行拼接的？""有没有哪种多边形出现的频率特别高？"等等，引导学生深入观察和思考。	1. 学生展示自己搜集到的生活中的镶嵌图案。 2. 在教师引导下思考及提炼镶嵌的特征。	希沃白板	通过让学生自己搜集和展示生活中的镶嵌图案，使学生更加直观地了解到镶嵌概念在实际生活中的应用，从而增强学习的兴趣和动力。 通过观察和分析多种镶嵌图案，培养学生细致入微的观察能力和对图形的敏感度。 通过教师的引导和提问，鼓励学生自主思考，提炼出镶嵌图案的关键特征。

环节三：探究平面图形镶嵌的条件	1. 组织学生展示自己的研究成果。 2. 引导学生观察、分析和总结图形镶嵌的条件。 3. 网络画板验证。 4. 分层教学：一般同学能拼出图形；学有余力同学探索内在的数学原理。 5. 在腾讯作业君平台发布课堂检测。	1. 学生展示 一种正多边形的镶嵌。 2. 展示两种正多边形的镶嵌。 3. 探讨图形镶嵌的条件。 4. 在墨水屏平板上完成老师发布的课堂检测。	网络画板 腾讯作业君平台 墨水屏教育平板	借助网络画板的模拟，使学生更直观地理解图形镶嵌的条件； 通过互动和讨论，鼓励学生主动探索和发现规律； 通过展示和交流，使学生能够相互学习和分享经验。
环节四：总结	带领学生用思维导图引导总结图形镶嵌的条件。 1. 提示学生将学习内容总结成思维导图的关键点； 2. 鼓励学生参与思维导图的构建，引导学生思考和梳理知识点之间的联系； 3. 对学生的总结进行点评和补充，确保内容的完整性和准确性。	积极参与思维导图的构建，思考和梳理知识点之间的联系； 与同学交流和分享自己的总结； 根据老师的点评和补充，完善自己的总结内容。	思维导图	通过思维导图的方式，帮助学生更好地组织和理解学习内容； 培养学生的归纳和梳理能力，提高他们的思维能力和学习效果； 鼓励学生参与和分享，促进合作学习氛围的形成； 通过点评和补充，帮助学生发现自己的不足之处，进一步提高他们的学习水平。

学习任务三：课后学习（个性化作业、图案设计）

课后个性化学习	1. 查阅课堂互动学习报告，根据学习报告，布置个性作业。 2. 完成课前引入问题“学校有一块空地要铺设地板，请你利用一种、两种或两种以上的正多边形（平面图形）设计漂亮的地板图案”。	1. 学生完成腾讯智慧作业：个性化课后作业。 2. 利用一种、两种或两种以上的正多边形（平面图形）设计漂亮的地板图案。	腾讯作业君 墨水屏教育平板 希沃平板	通过完成个性化课后作业，巩固学生对图形的镶嵌的理解； 通过设计地板图案，培养学生的创新思维和实践能力； 借助在线作业平台和图形设计软件，使学生能够轻松地进行学习和创作。

第九章 未来与展望

对于技术引领下的数学教育革新的探索，是教师对现代教育技术和方法的认识的一次重要反思。在这个过程中，教师认识到信息技术不仅能够改变数学课堂的外在形态，更能够深化教学内容，提升教学效果，使数学教育真正进入一个智慧的新时代。然而，这只是教师的旅程的开始，不是结束。面对未来，教师期待着技术引领数学教育革新能够更深入发展。

首先，教师应当看到，尽管信息技术已经在教学设计、课堂互动、学习评估等方面取得了显著的效果，但在真正实现个性化学习、智慧教学方面，还有许多工作需要教师去做。教师必须承认，每个学生都是独一无二的，他们各自的学习需求、兴趣和能力都有所不同。因此，教师需要通过信息技术，为学生打造一个更加个性化的学习环境，让学生能够按照自己的节奏和路径进行学习。

在个性化学习的深化发展过程中，教师需要进一步细化学习路径。这意味着，教师不能仅仅满足于为学生提供一种固定的、一刀切的学习模式，而是需要通过大数据分析、机器学习等技术，实时收集和分析学生的学习数据，从而为学生制定出最符合他们需求的学习路径。

提高教学精度也是教师必须关注的一个重要问题。在传统的教学模式下，教师往往需要面对大量的学生，这使得教师很难对每一个学生的学习情况进行精确的掌握和反馈。然而，通过使用信息技术，教师可以实时监控学生的学习进度和效果，为学生提供精准的反馈，从而有效提升教学效果。

优化学习体验也是教师未来需要进一步深入的一个重要方向。教师需要关注的不仅仅是学生的学习效果，更需要关注学生的学习感受。通过提供丰富的学习资源、打造良好的学习环境、优化学习流程等方式，可以使学生的学习变得更加愉快和有效。

其次，未来的数学智慧课堂，可能会更加依赖于人工智能的支持。人工智能作为一种重要的信息技术，已经在许多领域发挥了重要的作用。在教育领域，人工智能也有巨大的潜力。

人工智能可以帮助教师实现学习资源的智能推荐。通过对学生的学习数据的分析和预测，教师可以为学生推荐最适合他们的学习资源，从而提高学生的学习效率和兴趣。

人工智能可以帮助教师实时分析学生的学习情况。通过机器学习和大数据分析，教师可以更准确地了解学生的学习进度、学习难点和学习需求，为学生提供更精准的教学反馈。

人工智能还可以帮助教师实现教学内容的智能化适应。通过自适应学习系统，教师可以根据每个学生的学习进度和能力，动态调整教学内容和难度，使教学更加符合学生的个体差异，从而提升学习效果。

人工智能的应用,不仅能够提升教学效果,也能够有效减轻教师的教学负担，让教师有更多的时间和精力关注学生的个体发展，实现真正的智慧教学。

再次，需要思考的是，如何让更多的教师、学生和家长从信息技术中受益。这涉及教师培训、学生引导、家长教育等多个方面。

教师是智慧课堂的主导者。因此，需要通过有效的培训，帮助教师理解和掌握信息技术，使教师能够充分利用技术提升教学效果。同时，也需要引导教师转变教学观念，从传统的知识传授者，转变为学生学习的引导者和促进者。

学生是智慧课堂的主体。需要通过有效的引导，帮助他们理解和接纳新的学习方式，使他们能够主动、积极地参与到智慧课堂中。同时，也需要引导他们培养独立思考、自主学习的能力，使他们能够在智慧课堂中实现个性化、深度化的学习。

家长是智慧课堂的重要参与者。需要通过有效的教育，帮助他们理解智慧课堂的理念和方式，使他们能够支持和配合学校的教学改革。同时，也需要引导他们理解和尊重学生的个性化学习，使他们成为学生学习的良好伙伴。

综上所述，“基于信息技术的数学智慧课堂”的探索并没有结束，反而是打开了一个新的篇章。期待着在未来的旅程中，能够看到信息技术在数学教育中发挥出更大的作用，帮助我们创造出更加智慧的课堂。

我们期待的未来，是每一个学生都能够在智慧课堂中找到属于自己的学习路径，发挥出自己的学习潜力。每一个教师都能够通过信息技术，提升教学效果，实现真正的智慧教学。每一个家长都能够理解和支持智慧课堂，成为学生学习的良好伙伴。

我们期待的未来，是信息技术能够深入到数学教育的每一个环节，使教学更加精准，学习更加高效。我们期待的未来，是人工智能能够成为智慧课堂的重要支持，使教学更加智慧，学习更加个性化。

我们期待的未来，是能够在《技术引领下的数学教育革新：构建数学智慧课堂的策略与实践》的探索中，找到更多的可能性和机遇，为数学教育的改革和发展提供更多的动力和支持。

我们期待的未来，是能够通过信息技术，真正实现教育公平，让每一个学生都能够享受到高质量的教育资源，实现自我价值的最大化。我们期待的未来，是能够通过信息技术，帮助学生培养科学思维，提升创新能力，为他们的未来生活和工作提供更强大的支持。

然而，实现这些期待和目标，需要付出巨大的努力。需要在教师培训、学生引导、家长教育等方面下更多的功夫。需要进一步提升教学精度，优化学习体验，实现个性化学习。需要进一步探索人工智能在教育中的应用，实现智能推荐、实时分析和自适应学习。

借助信息技术，可以将数学课堂变得更加生动、直观和有趣，让学生在轻松、愉快的氛围中学习数学。这样，学生不仅可以掌握数学知识，也可以培养出对数学的热爱，从而更好地应对未来的学习和生活。

借助信息技术，可以将数学教学变得更加智能、个性化和高效，让教师可以更好地关注每一个学生，更好地满足他们的学习需求。这样，教师不仅可以提升教学效果，也可以享受到教学的乐趣，从而更好地履行他们的职责和使命。

借助信息技术，可以将教育资源变得更加丰富、共享和易达，让每一个学生都可以享受到优质的教育资源，无论他们身在何处，无论他们的家庭条件如何。这样，不仅可以实现教育公平，也可以提升教育质量，从而为国家的发展和社会的进步做出更大的贡献。

在未来的旅程中，我们期待着更多的探索和挑战，期待着更多的改革和创新。我们相信，在我们的共同努力下，技术引领下的数学智慧课堂一定能够更好地实现其价值和目标，为教育事业注入更强大的动力，为学生提供更优质的教育服务。